PLANCHES

POUR LE SECOND VOLUME

DU COURS

D'ARCHITECTURE,

Qui contient

LES Leçons données en 1750, & les années
suivantes, par J. F. BLONDEL Architecte,
dans son École des Arts.

A PARIS,

Chez DESAINT, Libraire, rue du Foin-Saint-Jacques.

M DCC LXXI.

Avec Approbation, & Privilége du Roi.

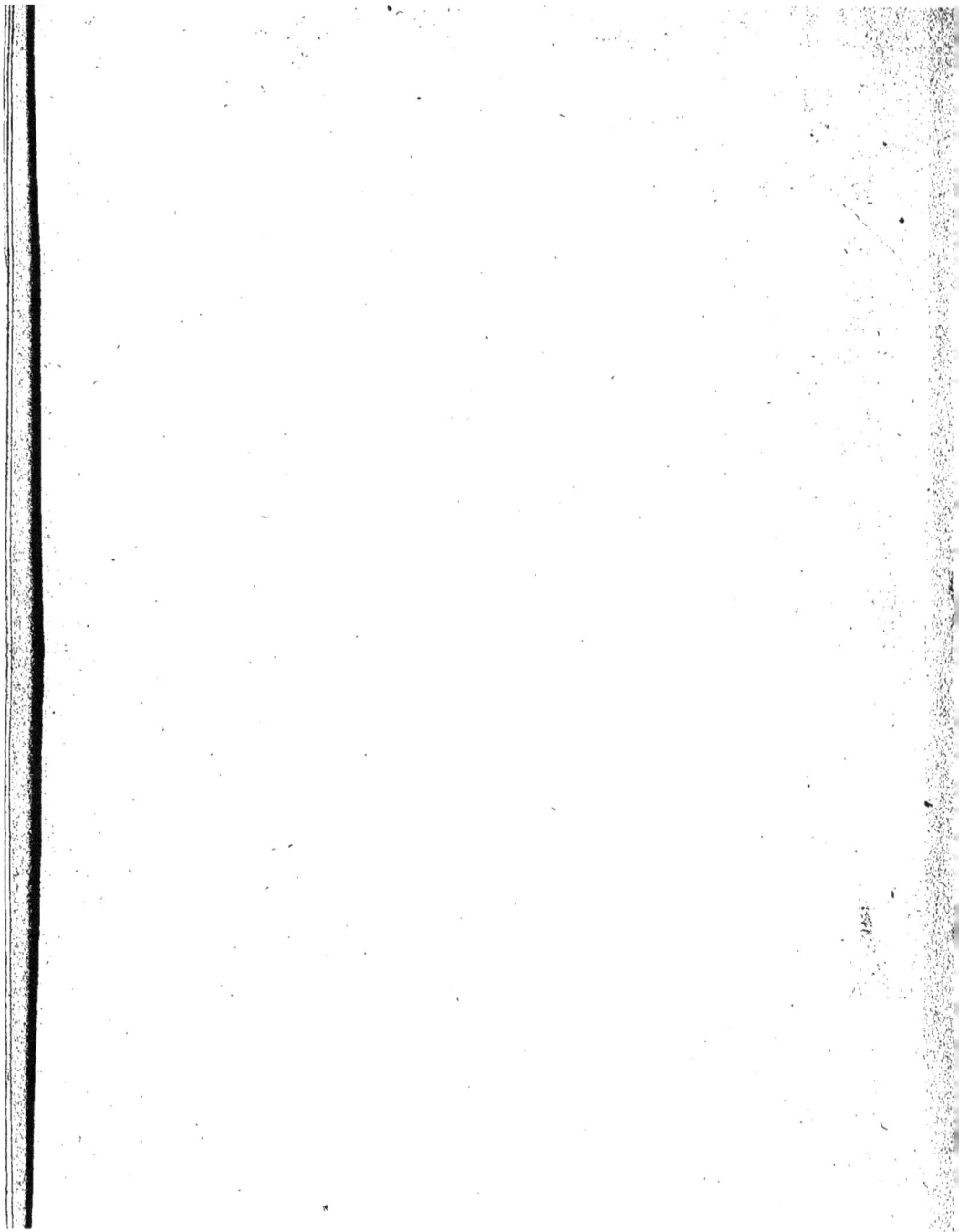

PIEDESTAL ET BAZE DE L'ORDRE DORIQUE.

Opinion des Anciens	Opinion des Modernes

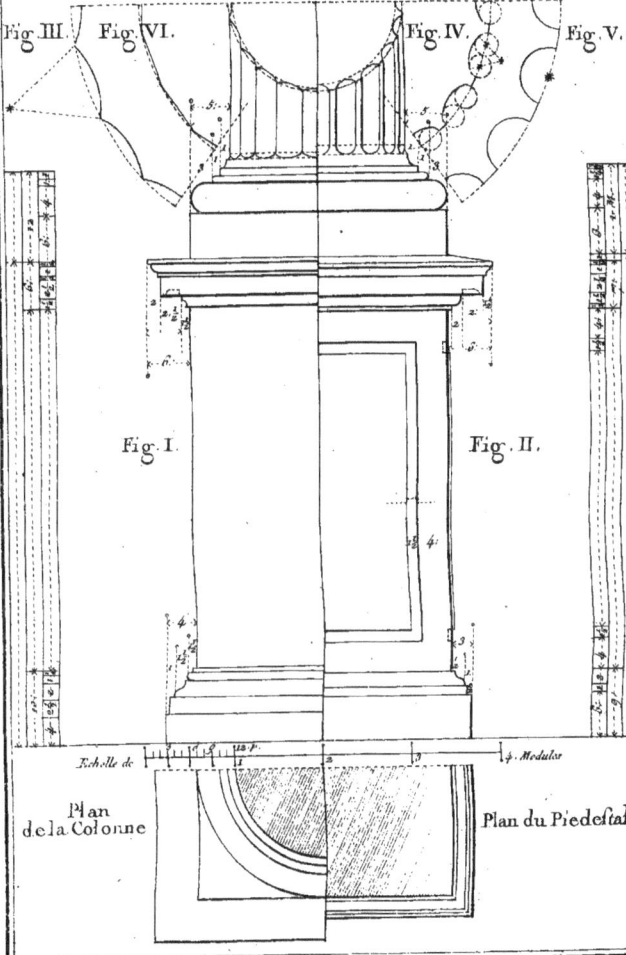

Fig. III.   Fig. VI.   Fig. IV.   Fig. V.

Fig. I.   Fig. II.

Echelle de   4. Modules

Plan
de la Colonne   Plan du Piedestal

ENTABLEMENT ET CHAPITEAU DORIQUE DU THEATRE
DE MARCELLUS.

| Opinion des Anciens. | Opinion des Modernes. |

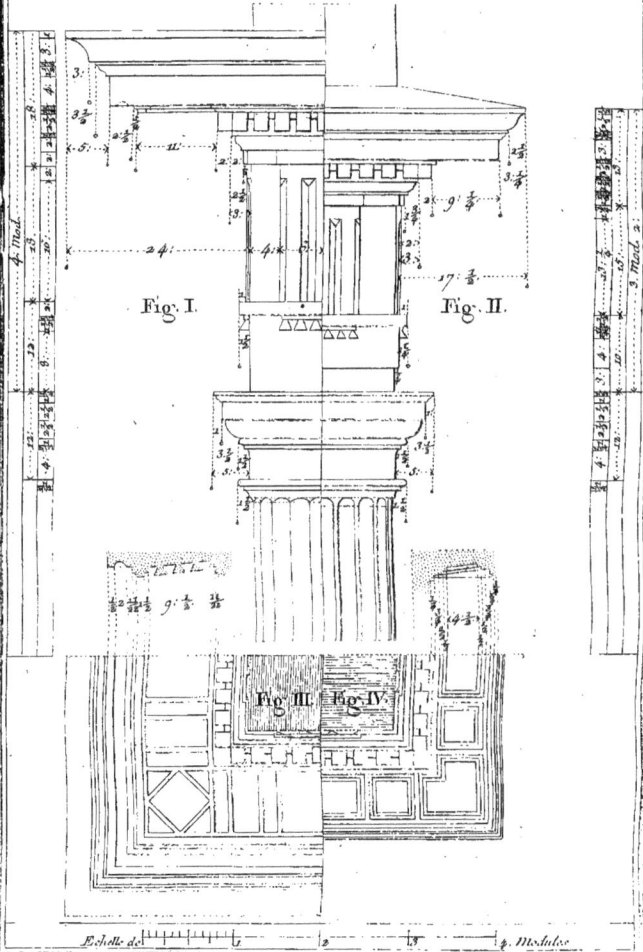

Fig. I.

Fig. II.

Fig. III. Fig. IV.

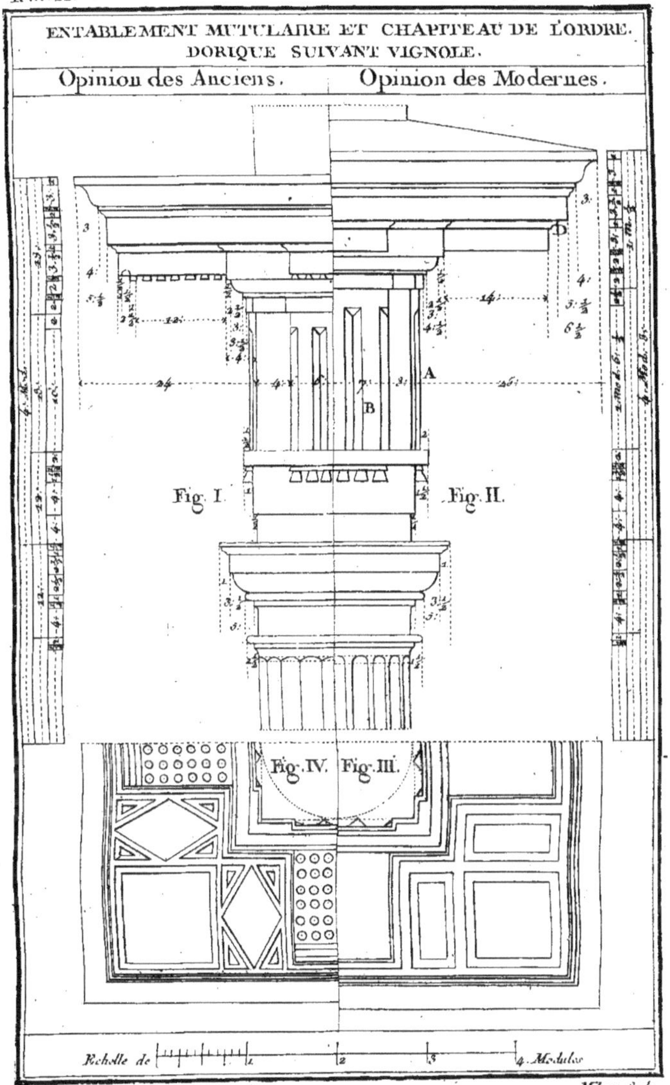

ENTABLEMENT MUTULAIRE ET CHAPITEAU DE L'ORDRE.
DORIQUE SUIVANT VIGNOLE.

Opinion des Anciens.   Opinion des Modernes.

Fig. I.   Fig. II.

Fig. IV.   Fig. III.

Echelle de   1   2   3   4. Modules.

ENTABLEMENT ET CHAPITEAU DE L'ORDRE DORIQUE, ACCOUPLÉ SUR UN ANGLE SAILLANT, ET
GROUPPÉ DANS UN ANGLE RENTRANT.

Échelle de |₁|₁|₁|₁|₁|₁| ¼   3   *4 Modules*

Fournou del.   *P.L. Cor Sculp.*

DÉVELOPÉMENT DU PLAN DE L'ENTABLEMENT DORIQUE, DE LA PLANCHE IV.

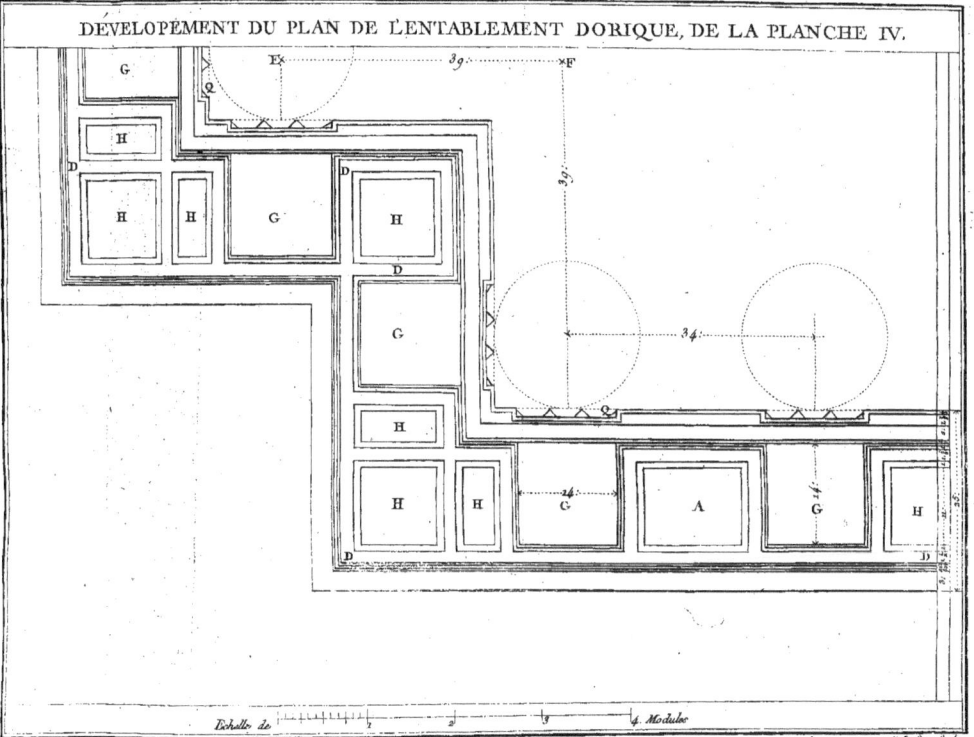

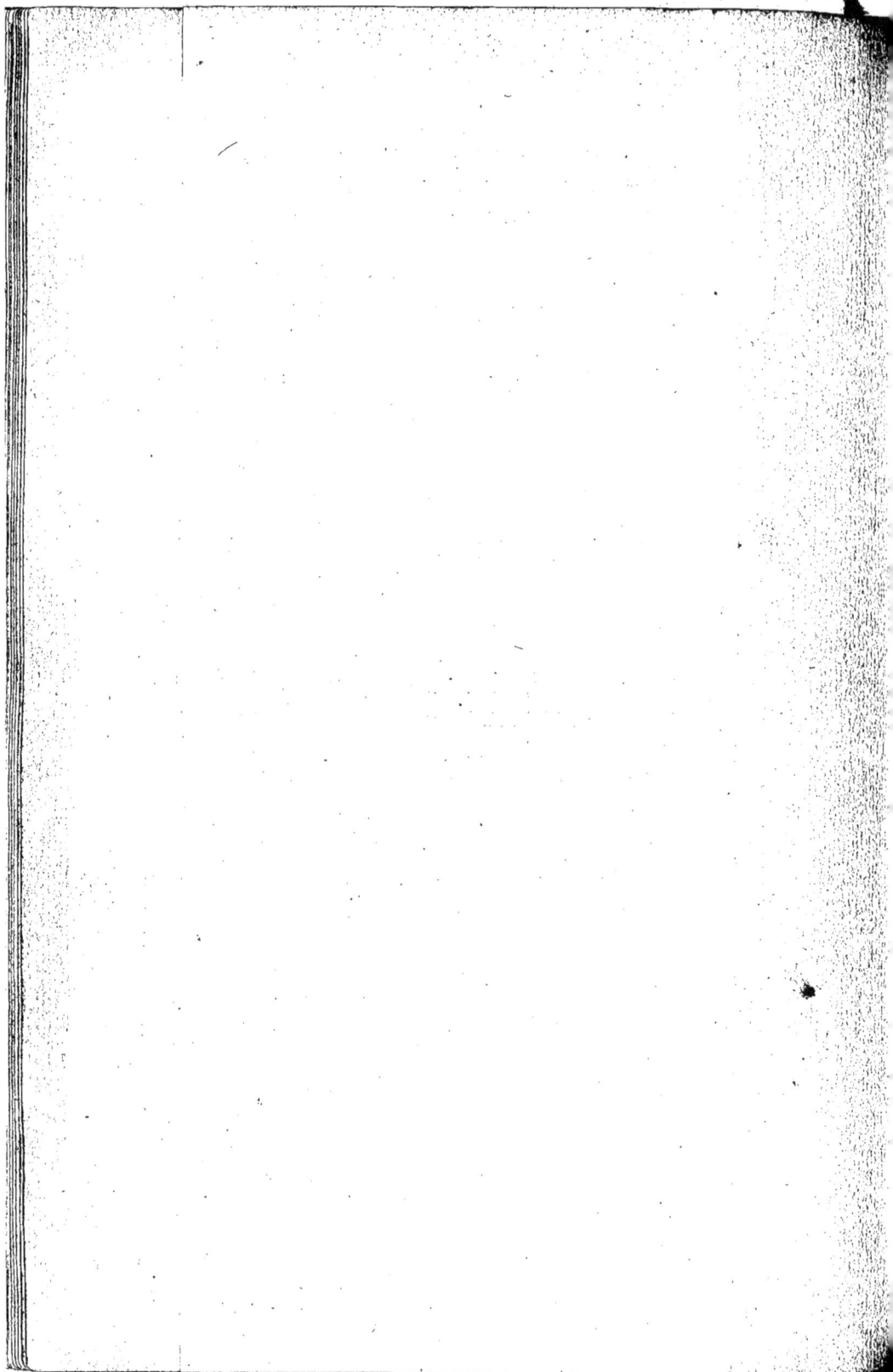

AUTRE DEVELOPEMENT DU PLAN DE L'ENTABLEMENT DORIQUE, POUR LA PLANCHE IV.

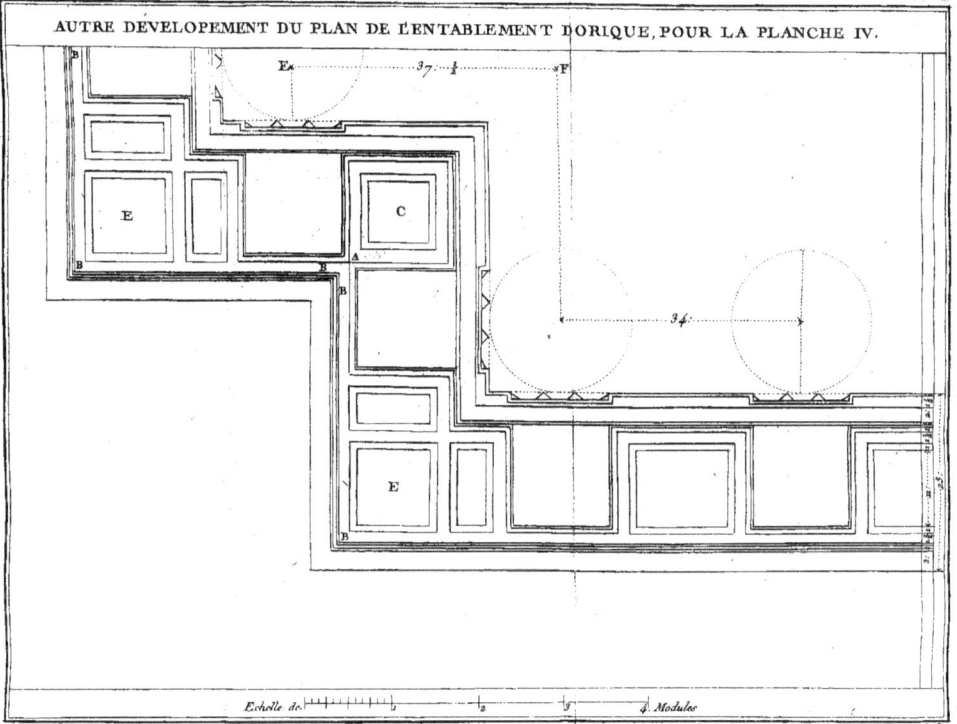

Echelle de |⊢⊢⊢⊢⊢⊢⊢| ½   3   *4. Modules*

Fournera. del.   *P.L.Cor. Sculp.*

Pl. VII.

ESPACEMENT DES COLONNES, SUIVANT LES ANCIENS ET LES MODERNES.

Les cinq manieres d'espacer les Colonnes, selon Vitruve.

A   B   C

Pienostyle ou 3. Mod.

Sistyle ou 4. Mod.

Eustyle ou 4. Mod. ½.

D   E

Decastyle ou 6. Modules.

Aréostyle ou 8. Modules.

Accouplement de l'Ordre Dorique selon Vignole
et dont les Bases se pénêtrent.

F

Espacement de l'Ordre Dorique, selon les Modernes.

G   H   I

5. m. 8   8. mod. 6.

Grand Entrecolonnement

K

11. Mod. 4.

Le plus grand entrecolonnement possible.

L

14. mod. 2.

Echelle de |||||| 1 · 2 · 3 · 4. Modules

Fournera del.

Milsan Sculp.

ENTABLEMENS DE L'ORDRE DORIQUE A ANGLES SAILLANS.
ET RENTRANTS, SELON LES MODERNES.

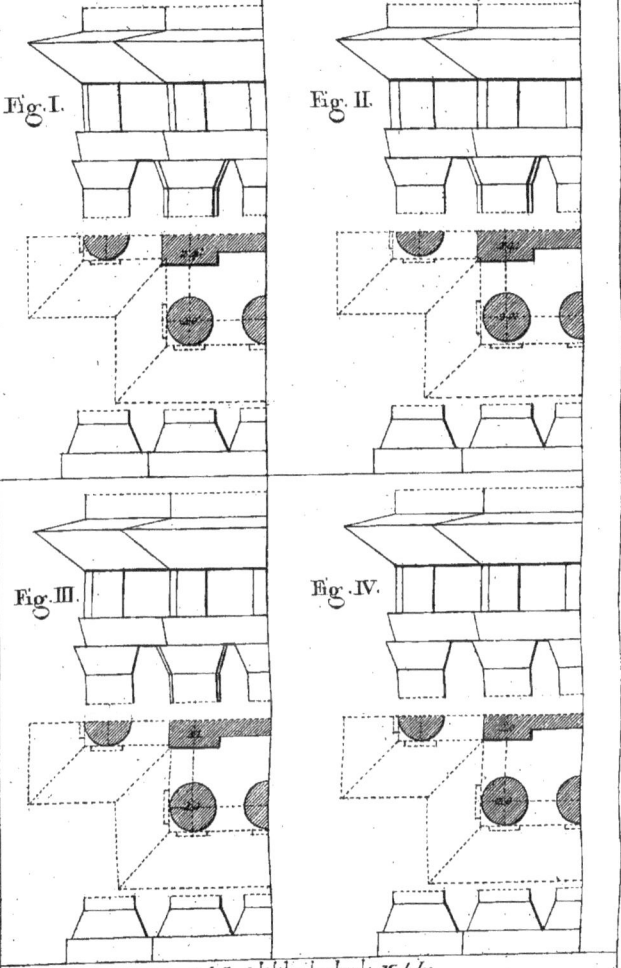

Fig. I.

Fig. II.

Fig. III.

Fig. IV.

Echelle de 1 2 3 4. *Modules*

Fournora del. *Miloan Sculp.*

PORTIQUES DORIQUES AVEC ET SANS PIEDESTAL
SUIVANT VIGNOLE.

Fig. II.   Fig. I.

Plans

Échelle de ... 4 Modules   Échelle de ... 4 Modules

Tournera del.   Michelinet Sculp.

PORTIQUES DORIQUES AVEC LES CHANGEMENS QU'ON Y A CRU NECESSAIRES.

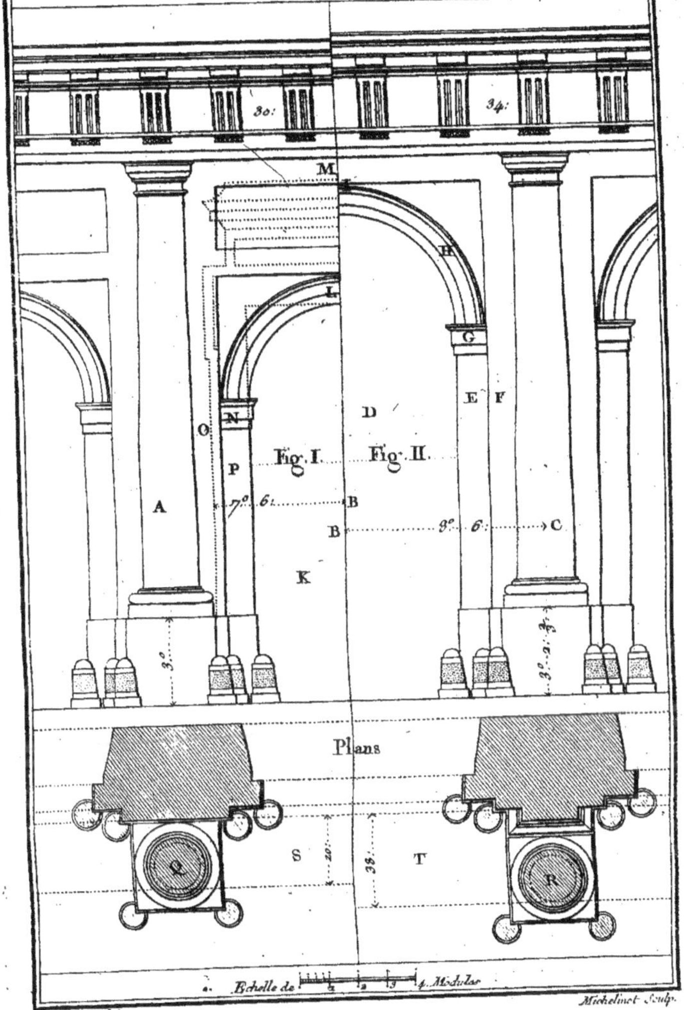
30:
34:
M
H
L
G
E F
D
O
N
P
Fig. I.
Fig. II.
A
7°. 6:
B
B
8°. 6:
C
K
3°.
3°. 2. 3.
Plans
S
20.
38.
T
Q
R
Echelle de 1 2 3 4 Modules

Fourneau del.   Michelinot Sculp.

ORDRES DORIQUES DE PALLADIO ET DE SCAMMOZY.

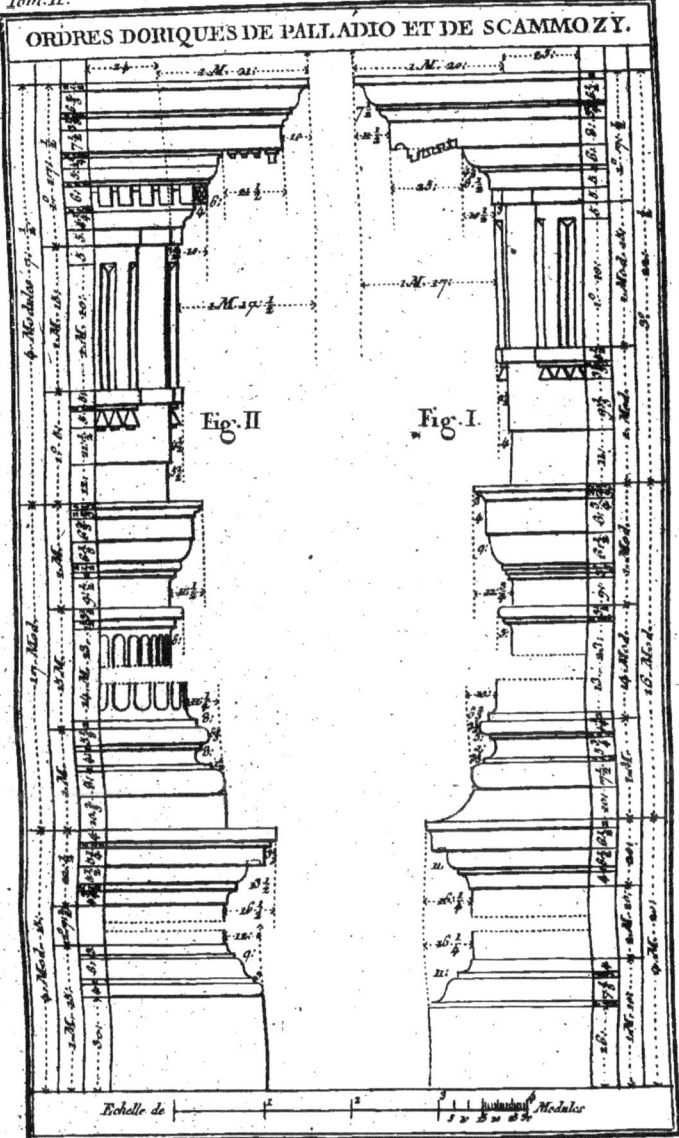

Fig. II   Fig. I.

Echelle de ｜－－－－－｜－－－｜－－｜ Modules

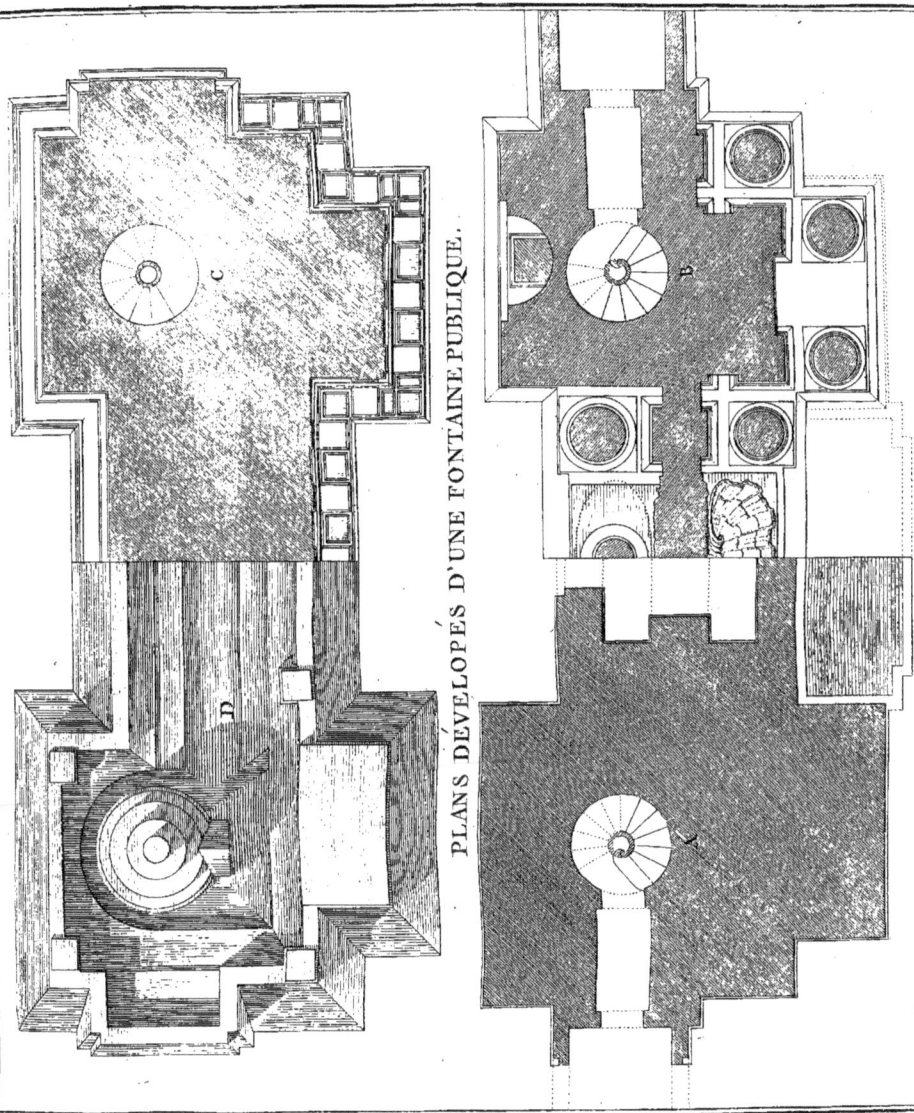

PLANS DÉVELOPÉS D'UNE FONTAINE PUBLIQUE.

Echelle di

Vincent del.

Michelinot Sculp.

FAÇADE D'UNE FONTAINE D'ORDONNANCE DORIQUE.

Bocourt del.

Echelle de.

4. Toises

Michelinot Sculp.

FACADE D'ORDONNANCE TOSCANE VUE DU COTÉ DE LA COUR.

Echelle de

Tsenu

Michelinot Sculp.

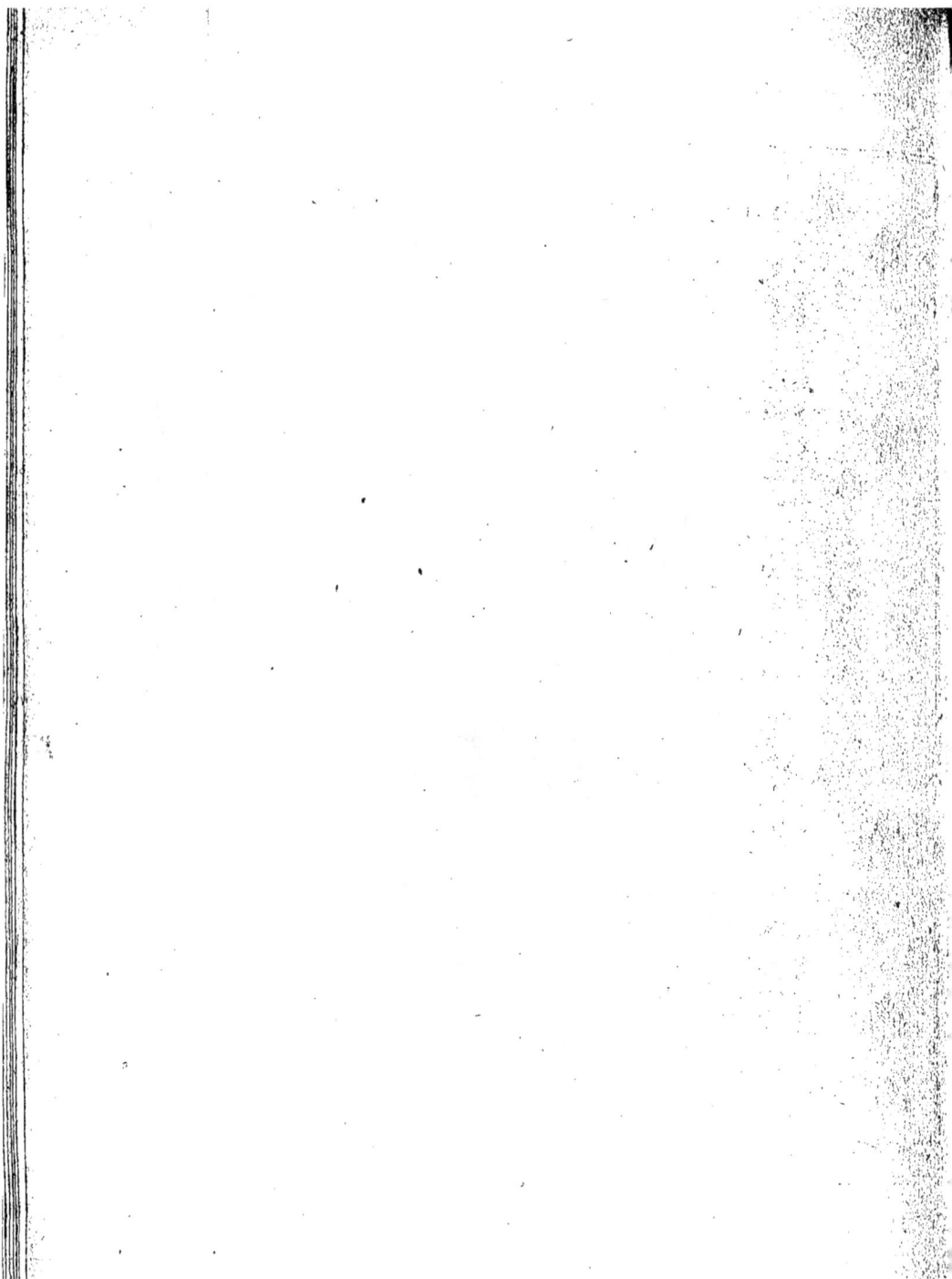

Pl. XV.

FAÇADE LATERALE.   COUPE.

Fig. I.   Fig. II.

Echelle de   Toises.

Brunet del.   Michelinot Sculp.

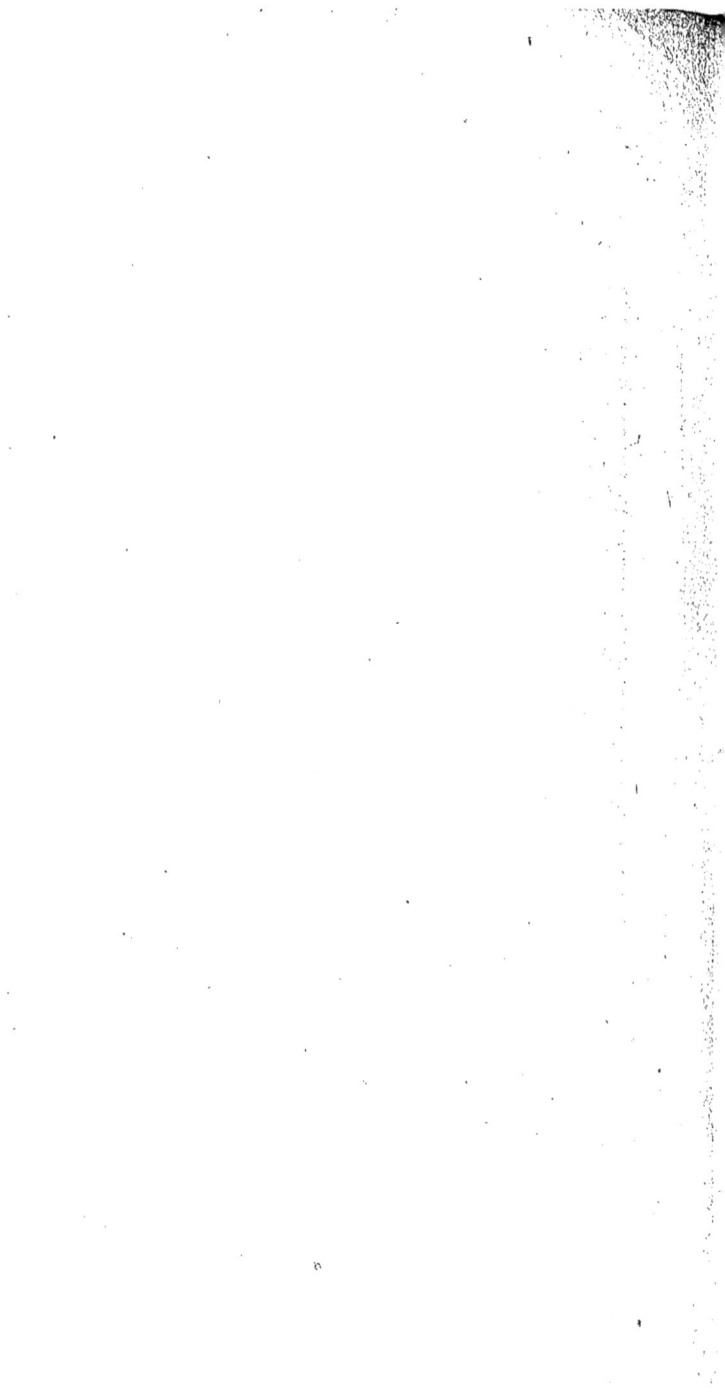

PIEDESTAL ET BAZE DE L'ORDRE IONIQUE.

Opinion des Anciens.	Opinion des Modernes.

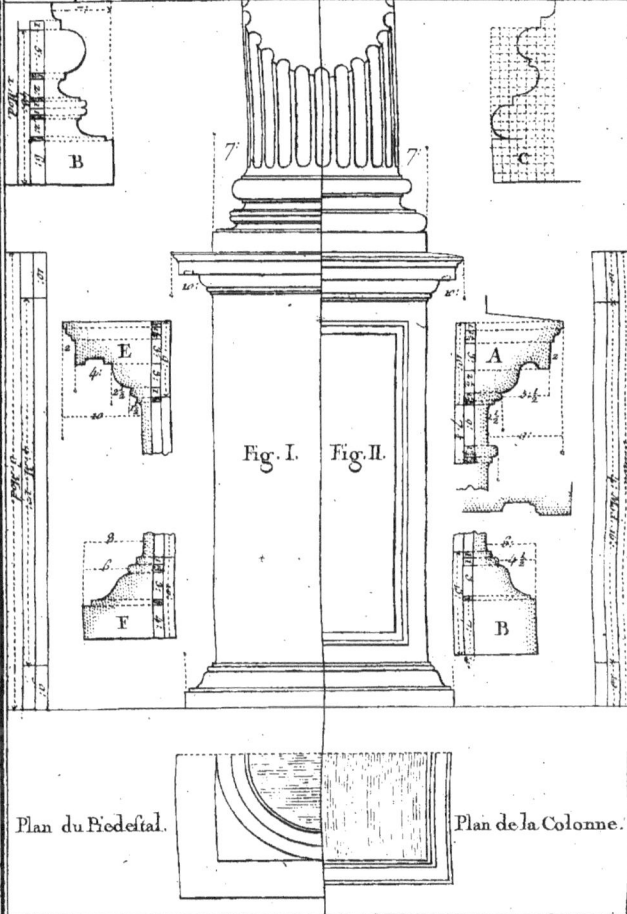

B

C

7'   7'

E   A

Fig. I.   Fig. II.

F   B

Plan du Piedestal.   Plan de la Colonne.

Echelle de |⊢⊢⊢⊢⊢⊢| ——|——|—— *Modules*

Ramcour del.   *N. Ransonnette Sculp.*

Pl. XVII.

CHAPITEAU ET ENTABLEMENT DE L'ORDRE IONIQUE.

Opinion des Anciens. — **Opinion des Modernes.**

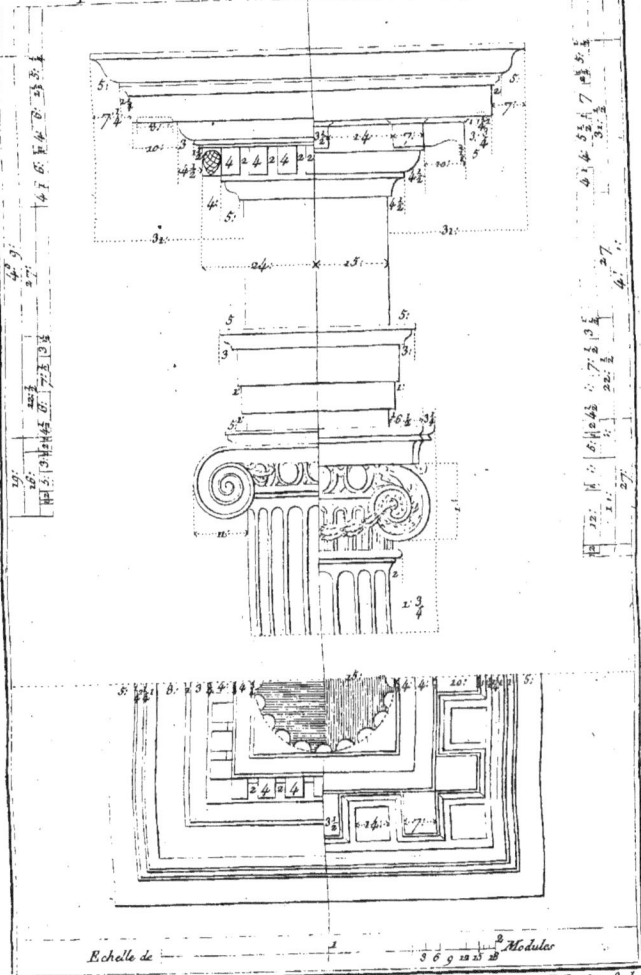

Echelle de .... Modules

Rauncour del. — P.L. Cor Sculp.

DEVELOPEMENT DU CHAPITEAU IONIQUE ANTIQUE.

CHAPITEAU VU DE FACE.

PLAN.

CHAPITEAU VU SUR LE COTÉ.

Echelle de |————————1——|ıılılılılı|²Modules

Renard del.   P. L. Cor Sculp.

Pl. XIX.

DEVELOPEMENT DE LA VOLUTE IONIQUE DE VIGNOLE.

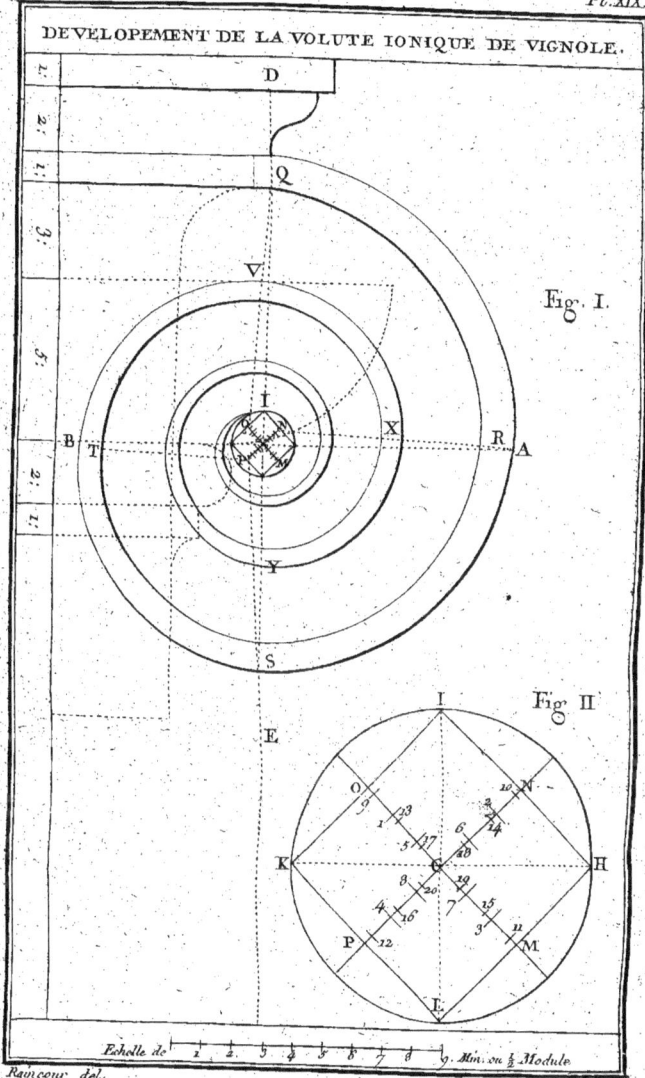

Fig. I.

Fig. II.

Echelle de ... Min. ou ½ Module.

Raincour del.

P. L. Cor Sculp.

DEVELOPEMENT DU CHAPITEAU IONIQUE MODERNE.

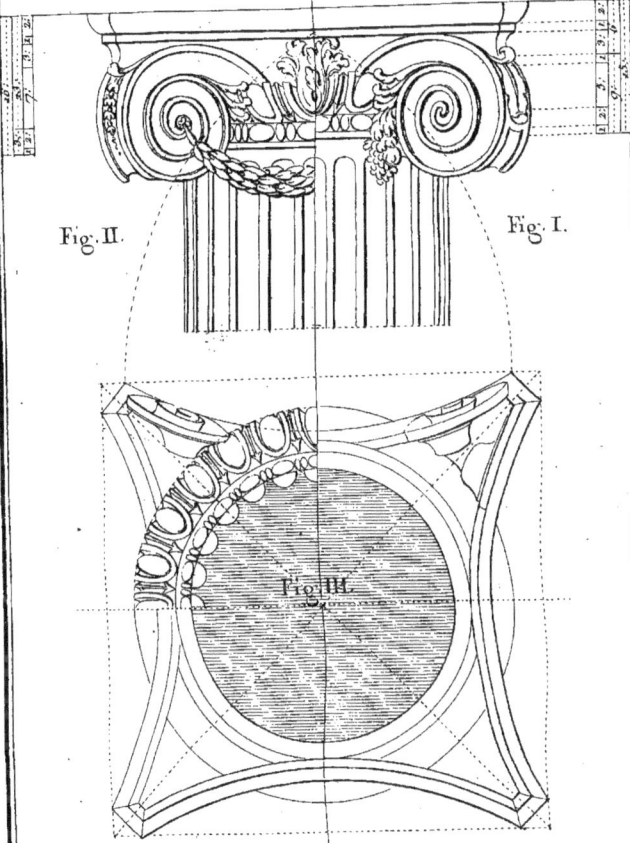

Fig. II.

Fig. I.

Fig. III.

Echelle de

2. Modules

Renard del.

P. L. Cor Sculp.

DÉVELOPEMENT DU CHAPITEAU IONIQUE DE MICHEL-ANGE.

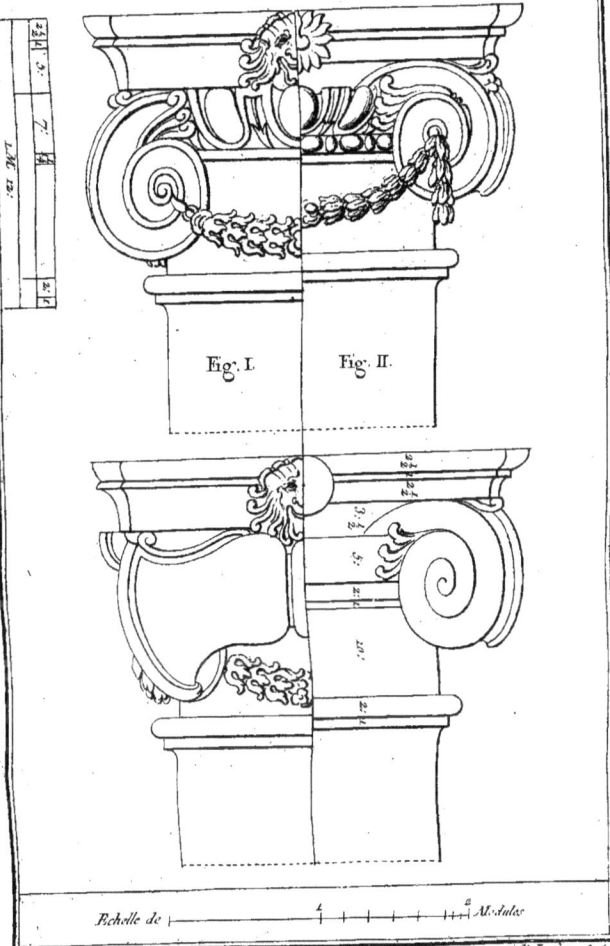

Fig. I.   Fig. II.

Echelle de ⊢————————┴————┼┼┼┼ Modules

Raincour. del.

P. Le Cor. Sculp.

DEVELOPEMENT DU CHAPITEAU IONIQUE PILASTRE.

Fig. I.

Fig. II

2. Mod.

Bonnet del.   P.L. Cor Sculp.

Pl. XXIII.

ORDRES IONIQUES DE PALLADIO ET DE SCAMMOZY.

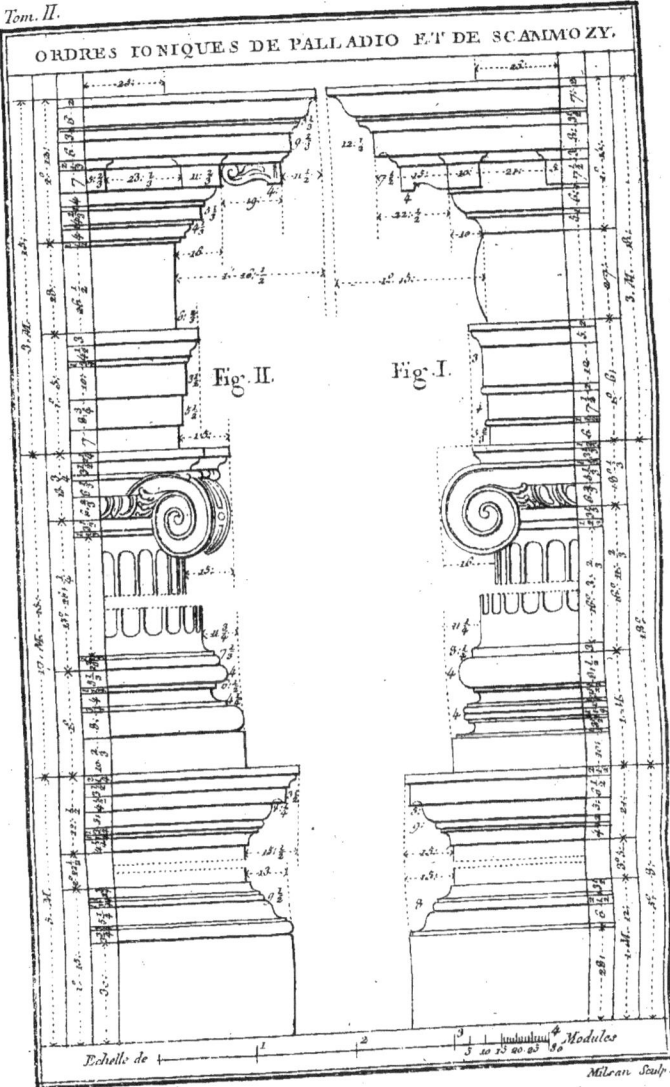

Fig. II.

Fig. I.

Echelle de |————|————|————| Modules

Lourncra del.

Milsan Sculp.

AVANT CORPS DE LA FAÇADE D'UNE MAISON DE PLAISANCE DÉCORÉE DE

L'ORDRE IONIQUE ANTIQUE.

Echelle de ⊢⊢⊢⊢⊢ 1   2   3   4. *Toisar*

La Grand Del.   *P. L. Cor Sculp.*

Pl. XXV

AVANT CORPS DE LA FAÇADE D'UNE MAISON DE PLAISANCE DÉCORÉ DE L'ORDRE IONIQUE MODERNE.

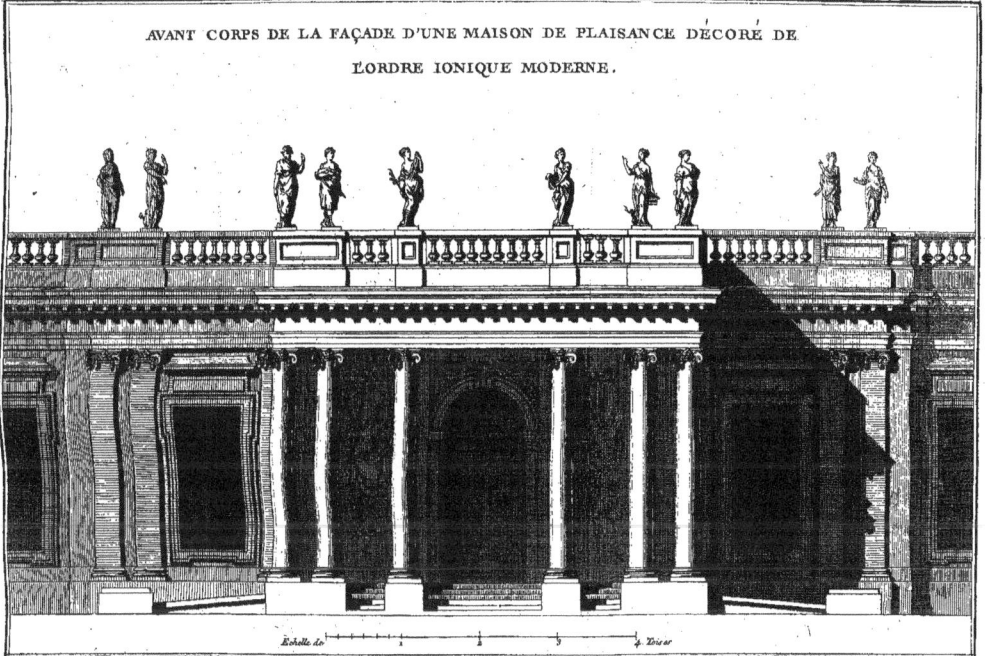

Echelle de ...... 1 ...... 2 ...... 3 ...... 4 Toises

Le Grand del.

P. L. Cor Sculp.

PLANS DES AVANTS CORPS DES PLANCHES. XXIV ET XXV.

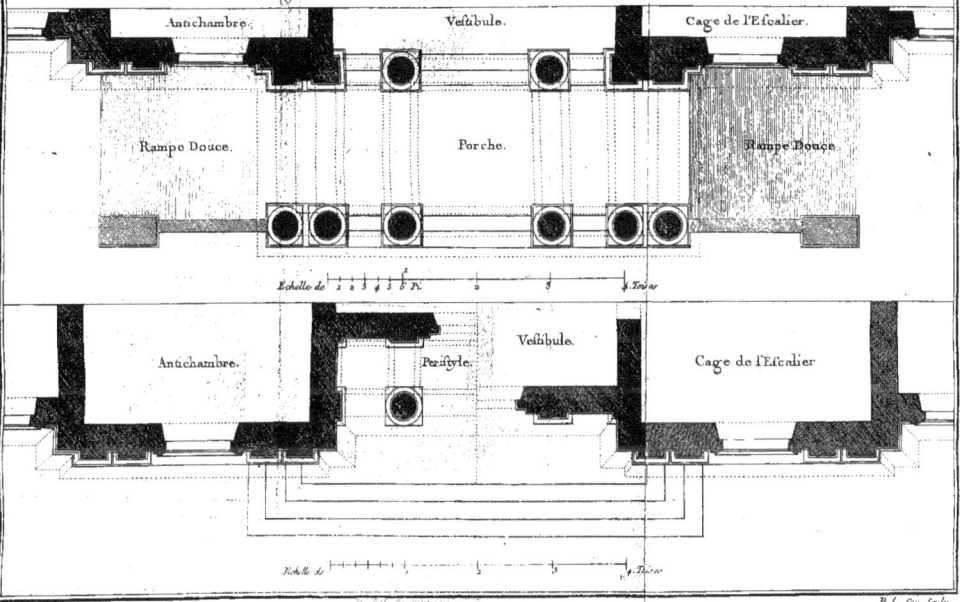

Antichambre.   Vestibule.   Cage de l'Escalier.

Rampe Douce.   Porche.   Rampe Douce.

Echelle de 1 2 3 4 5 6 Pi.   2   3   4 Toises

Antichambre.   Péristyle.   Vestibule.   Cage de l'Escalier

Echelle de   2   3   4 Toises

Legrand del.   P. J. Cor. sculp.

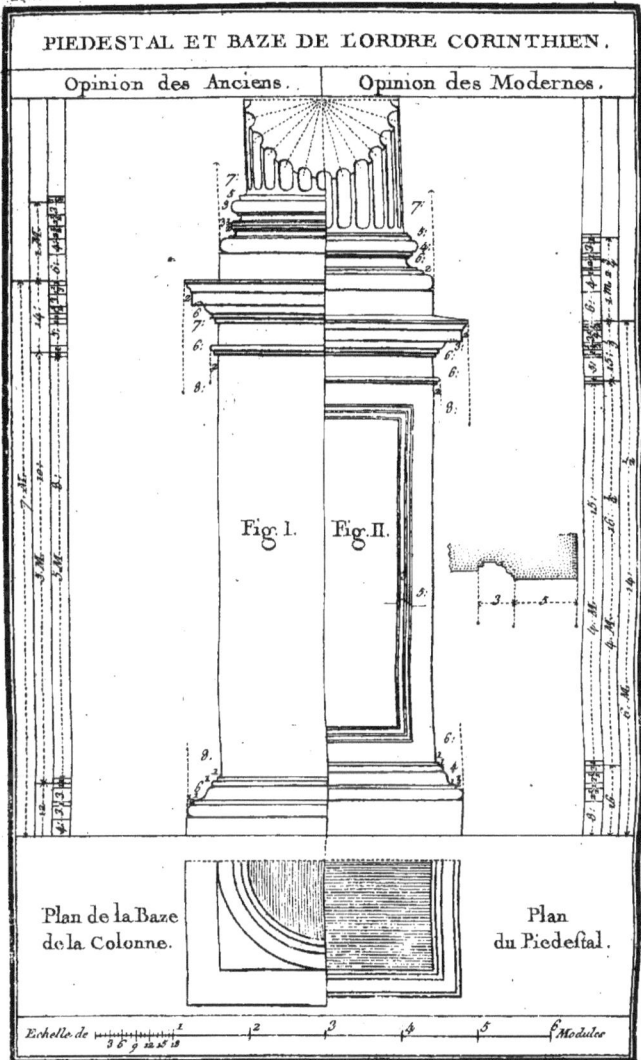

PIEDESTAL ET BAZE DE L'ORDRE CORINTHIEN.

| Opinion des Anciens. | Opinion des Modernes. |

Fig. I.　　Fig. II.

Plan de la Baze
de la Colonne.

Plan
du Piedestal.

Echelle de ... Modules.

Cauchois Del.　　　　　　　N. Ransonnette Sculp.

CHAPITEAU ET ENTABLEMENT DE L'ORDRE CORINTHIEN.

Opinion des Modernes.	Opinion des Anciens.

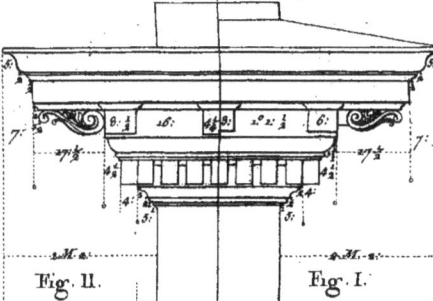

Fig. II.   Fig. I.

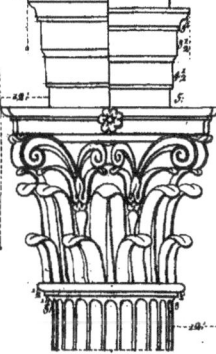

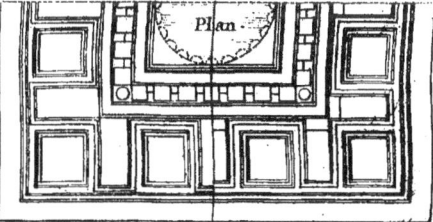

Plan.

Echelle de 𝄚𝄚𝄚𝄚𝄚   𝄚𝄚𝄚𝄚   𝄚𝄚𝄚𝄚   𝄚𝄚𝄚𝄚   *Modules*

Lauchois del.   *Milsan Sculp.*

Pl. XXIX.

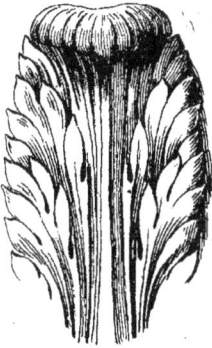

Feuille d'Olivier.

Feuille de Perfil.

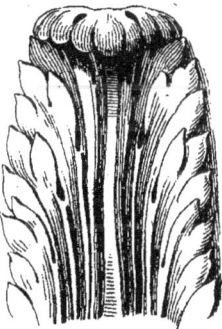

Feuille de Laurier.

Feuille d'Acanthe.

Desprez del.   *Marillier Sculp.*

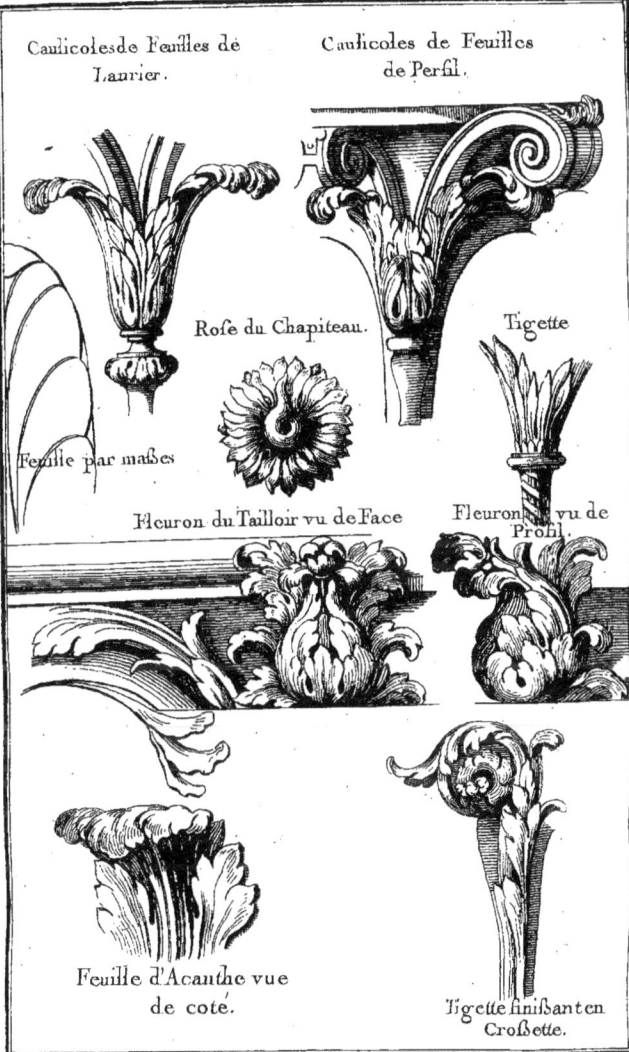

 Pl. XXX.

Caulicoles de Feuilles de
Laurier.

Caulicoles de Feuilles
de Perfil.

Rofe du Chapiteau.

Tigette

Feuille par maffes

Fleuron du Tailloir vu de Face

Fleuron vu de
Profil.

Feuille d'Acanthe vue
de coté.

Tigette finiffant en
Croffette.

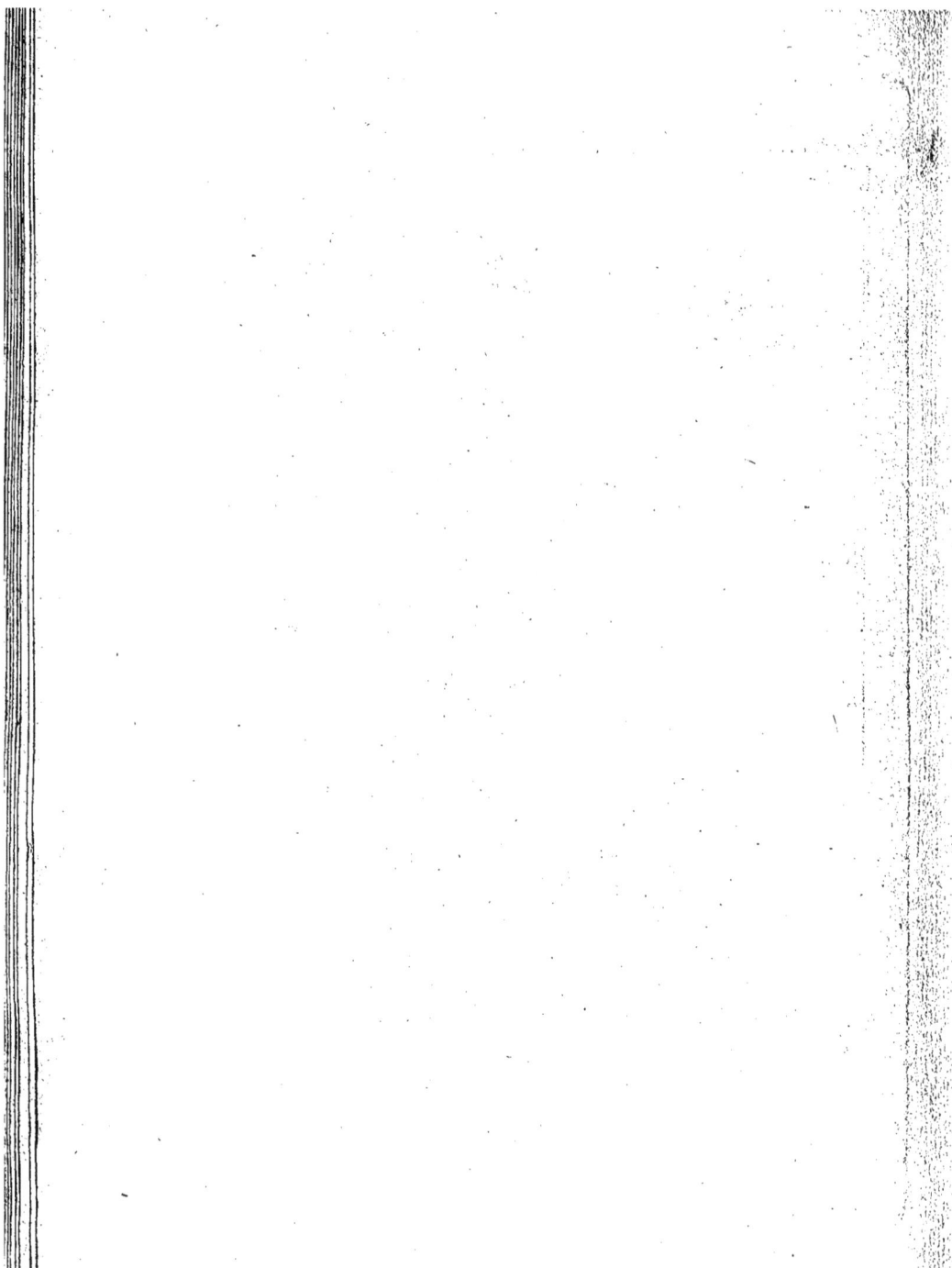

DEVELOPEMENT DU CHAPITEAU CORINTHIEN.

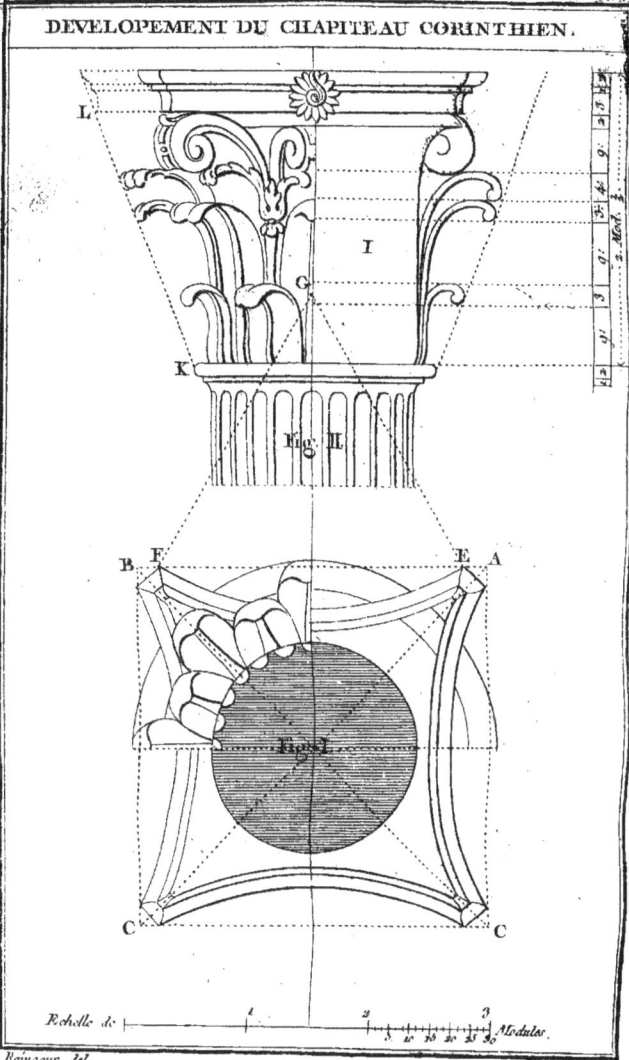

Fig. II.

Fig. I.

Echelle de

DEVELOPEMENT DU CHAPITEAU CORINTHIEN VU SUR L'ANGLE.

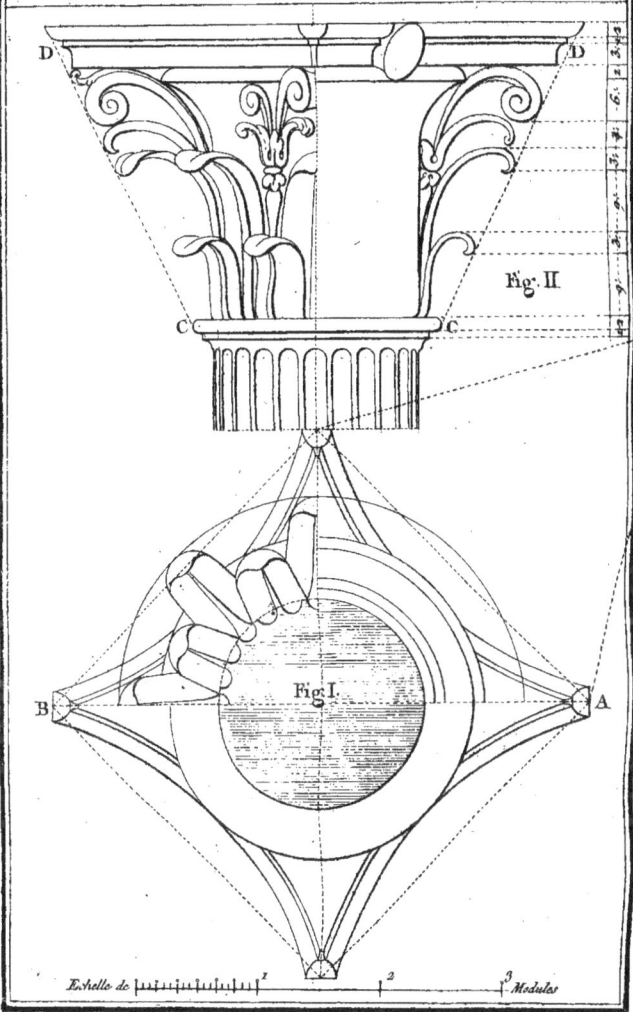

Fig. II.

Fig. I.

Echelle de |ıılıılıılıılıılıılıı| ı   2   3 Modules

Renard del.   Milsan Sculp.

ORDRES CORINTHIENS DE PALLADIO ET DE SCAMMOZY.

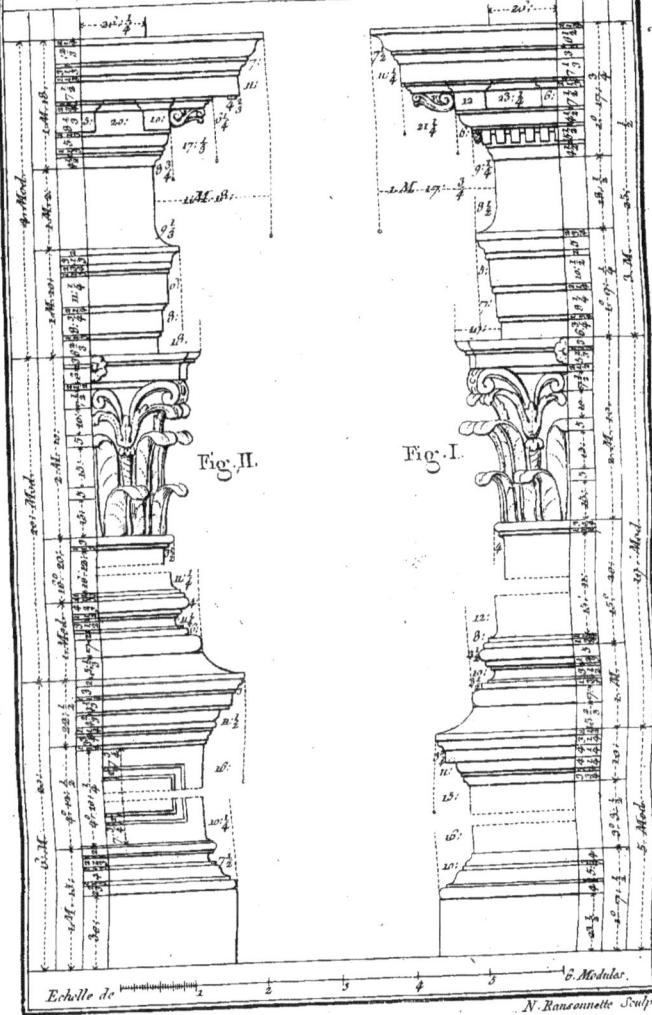

Fig. II.

Fig. I.

Echelle de

6. Modules.

Cauchois del.

N. Ransonnette Sculp.

APLICATION DE L'ORDRE CORINTHIEN AU FRONTISPICE
D'UNE ÉGLISE EN ROTONDE.

Daubenton del.   Ransonnette Sculp.

Pl. XXXV.

PIEDESTAL ET BASE DE L'ORDRE COMPOSITE.

Opinion des Anciens.   Opinion des Modernes.

7.

8.   8.

Fig. II.   Fig. I.

8.

7.

Plan
de la Colonne.   Plan du Piedestal.

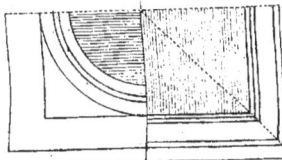

Echelle de   2 Modules

Raincour del.   Ransonnet Sculp.

CHAPITEAU ET ENTABLEMENT COMPOSITE.

Opinion des Anciens.	Opinion des Modernes.

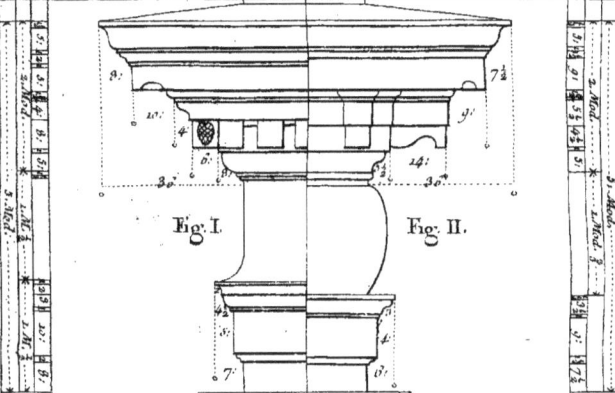

Fig. I.   Fig. II.

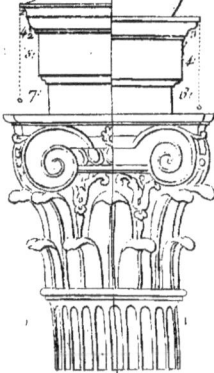

Plans

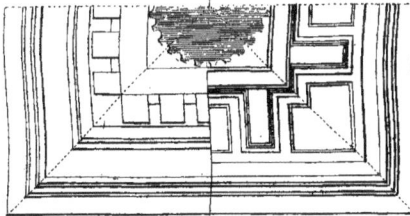

Echelle de Modules.

Raincour del.   *Pelletier Sculp.*

DEVELOPEMENT DU CHAPITEAU COMPOSITE DE VIGNOLE VU SUR L'ANGLE.

Echelle de |————————|————————|————————| 2. *Modules*

ORDRES COMPOSITES DE PALLADIO ET DE SCAMMOZY.

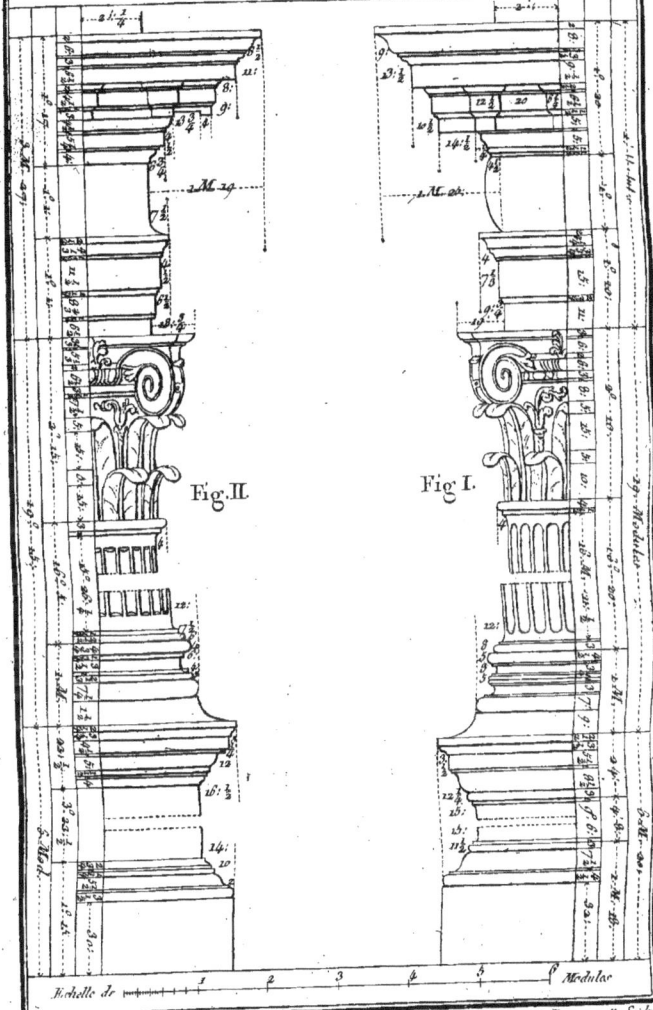

Fig. II.

Fig I.

Echelle de · · · · · · · · 1 · · · · · 2 · · · · · 3 · · · · · 4 · · · · · 5 · · · · · 6 Modules

Cauvet del.

N. Ransonnette Sculp.

ARC DE TRIOMPHE — DU THRÔNE

ELEVÉ AU FAUBOURG — St ANTOINE EN 1670,

Sur les Deſsins — de Claude Perrault.

Echelle de .... 5 Toiſes

Huvé delin.

de la Gardette Sculp.

MANIERE DE TRACER LA COLONNE TORSE.

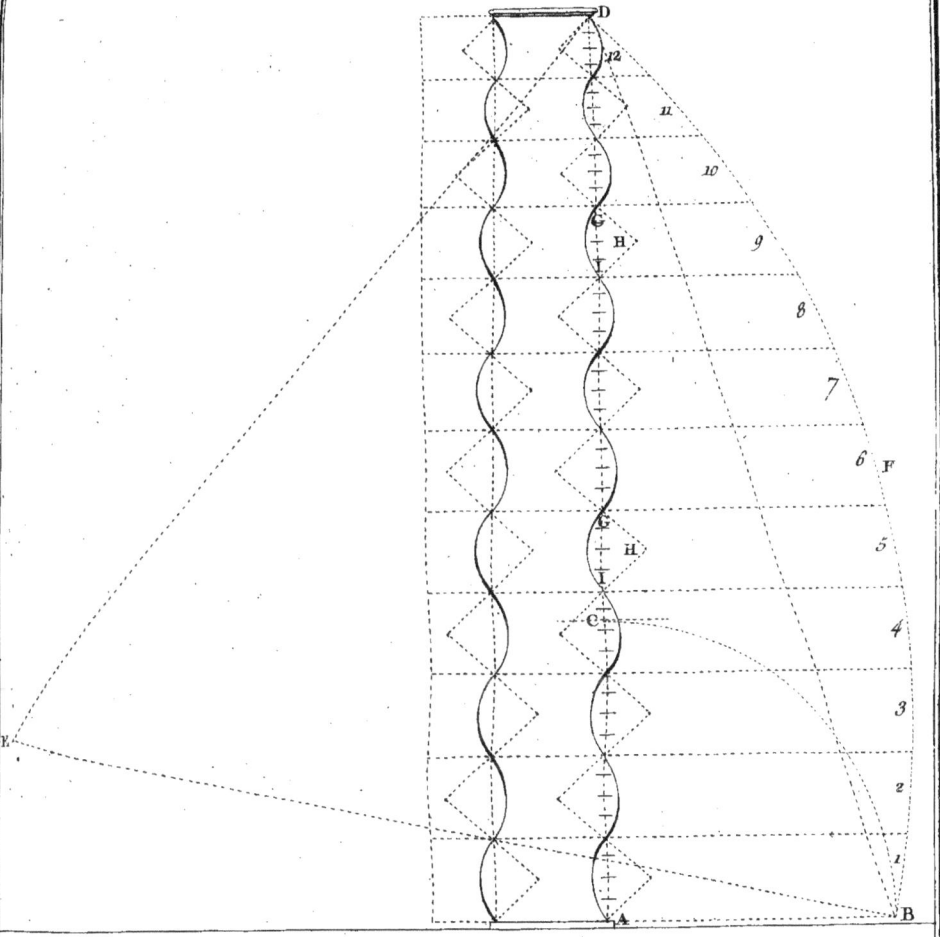

Bounum del.   P. I. Cor. Sculp

ORDRE CARIATIDE.

Eisen inv.   *Le Roi Sculp.*

ORDRE PERSIQUE.

Eisen inv.　　　　　　　　　　*Le Roi Sculp.*

ENTABLEMENT DORIQUE DU TEMPLE DE THESÉE
A ATHENES

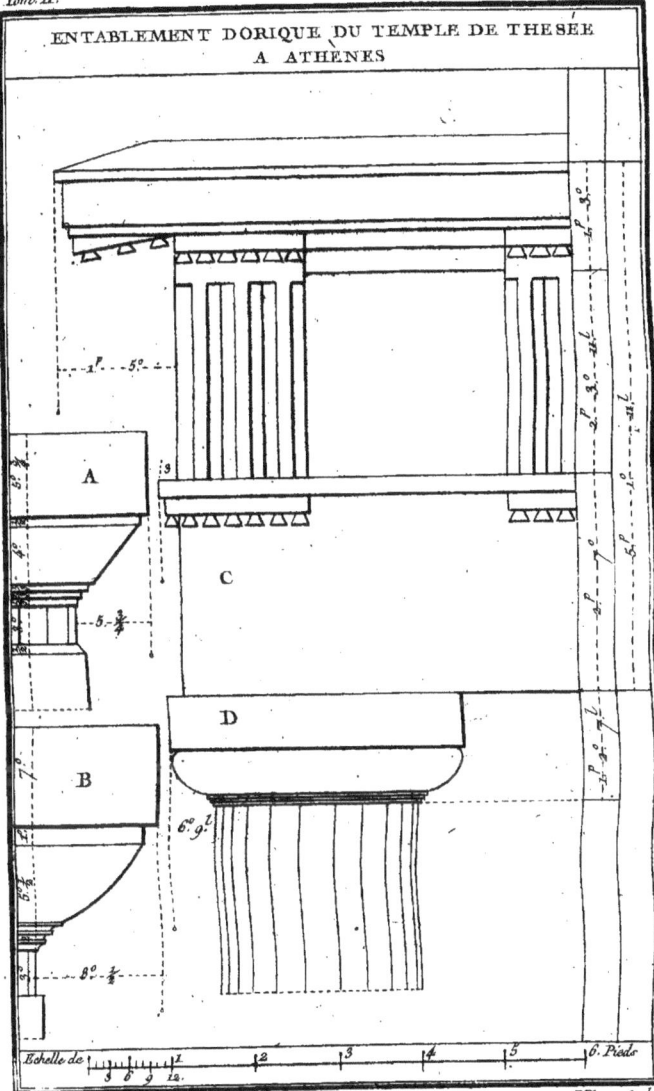

Echelle de

Cauchois del.   Milsan Sculp.

ENTABLEMENT DORIQUE DU TEMPLE DE MINERVE
A ATHENES.

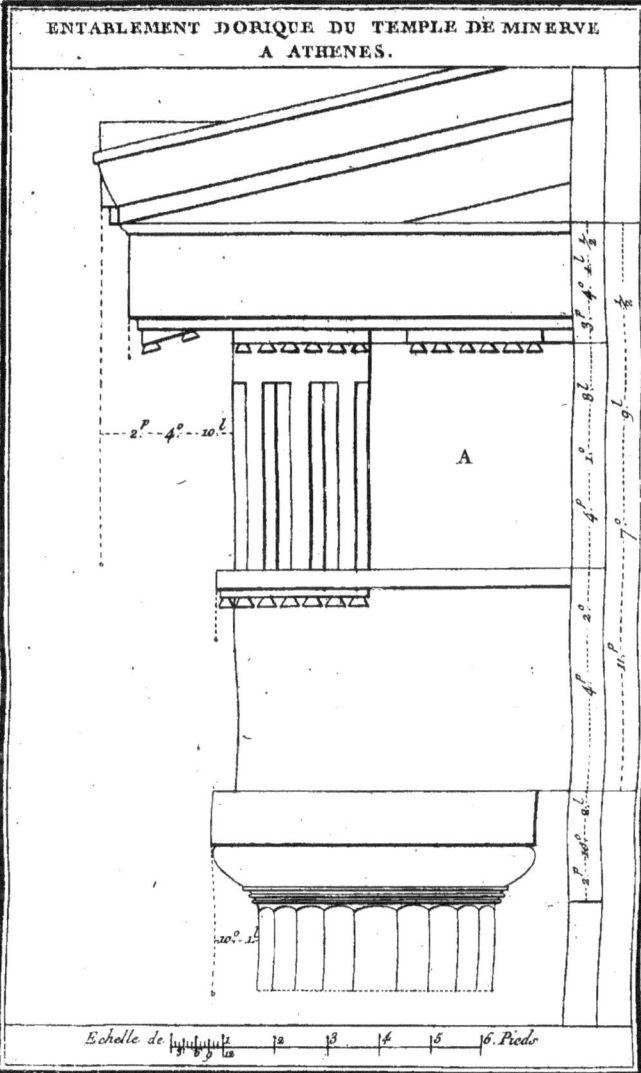

A

Echelle de |ılılılılı|ı |2 |3 |4 |5 |6. Pieds

Lavelure del.   *Milsan Sculp.*

ENTABLEMENT DORIQUE DU TEMPLE D'AUGUSTE, A ATHENES.

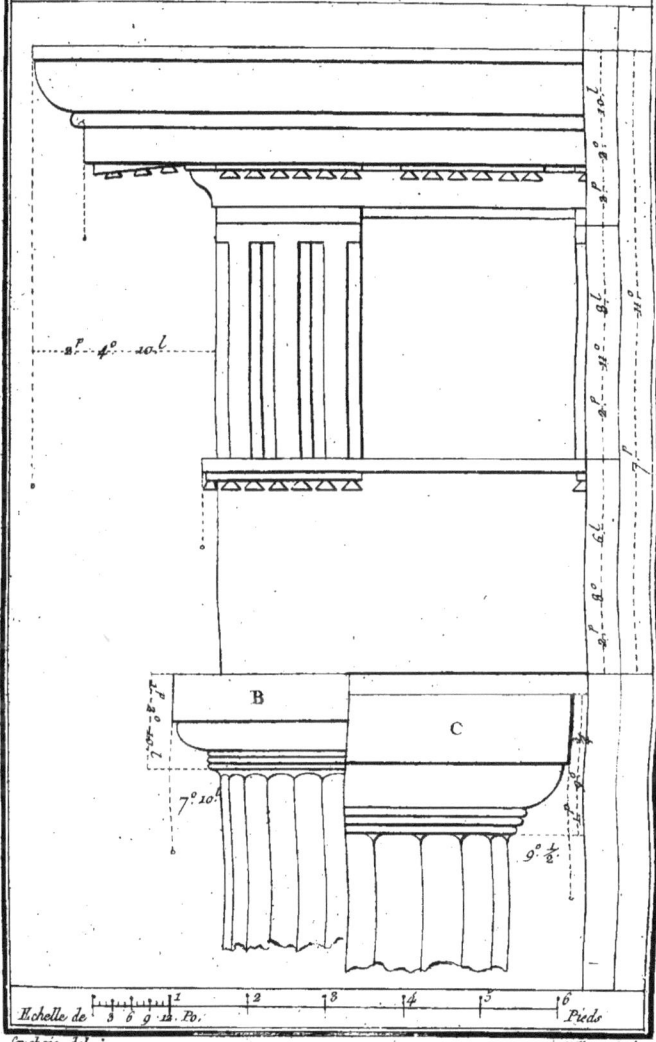

B

C

Cauchoie del   Milsan Sculp

ENTABLEMENT IONIQUE DU TEMPLE D'ERECTÉE A ATHENES.

Echelle de · · · · · · Pieds.

Catel. del.

Milsan Sculp.

CHAPITEAU IONIQUE DU PERISTYLE DU TEMPLE
D'ERECTÉE A ATHENES.

B

C

CORNICHE ARCHITRAVÉE ET CARYATIDE DU TEMPLE
D'ERECTÉE A ATHENES.

A

B

C

3.° 6.ˡ

Desprez Del.   *Morillier Sculp.*

ENTABLEMENT CORINTHIEN, DU TEMPLE DE THÉSÉE, A POLA EN ISTRIE.

A

B

Échelle de |⌐⌐⌐⌐⌐⌐⌐| |² |³ Pieds
          3 6 9 ₁₂.Po.

Fournera del.   Milson Sculp.

ENTABLEMENT DORIQUE DES THERMES DE DIOCLETIEN,
A ROME.

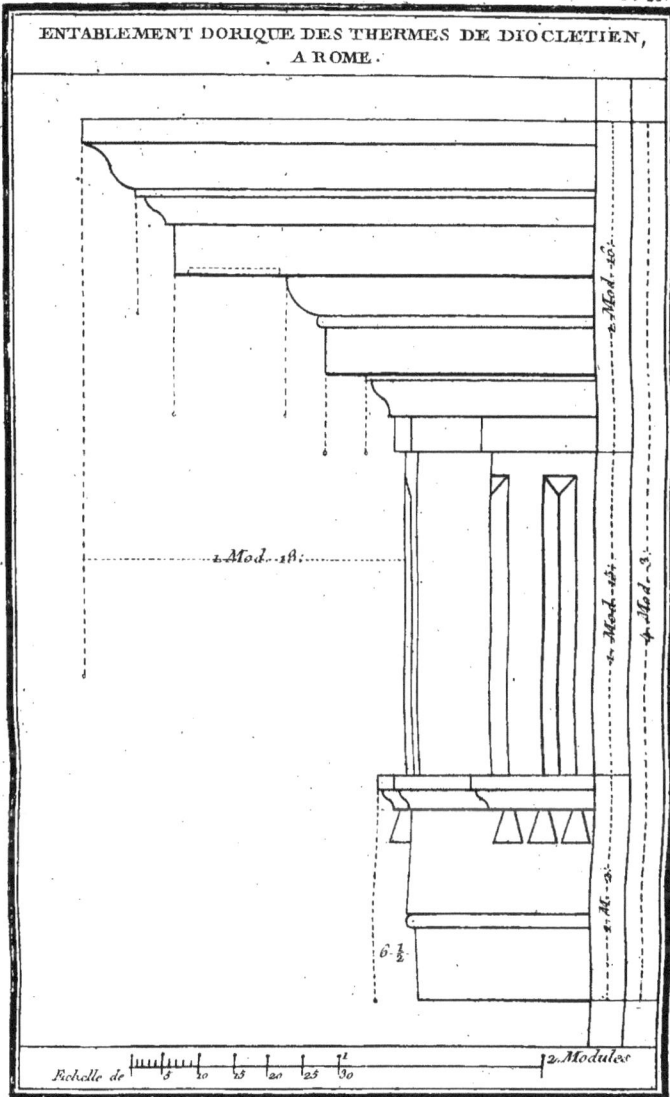

2.Mod. 40.

1. Mod. 18.

1. Mod. 45.

4. Mod. 3.

1. M. 2.

6.½

Echelle de | 5 | 10 | 15 | 20 | 25 | 30

2.Modules

Fournera del.   *Milsan Sculp.*

ENTABLEMENT DORIQUE TROUVÉ À ALBANE, PRÈS DE ROME.

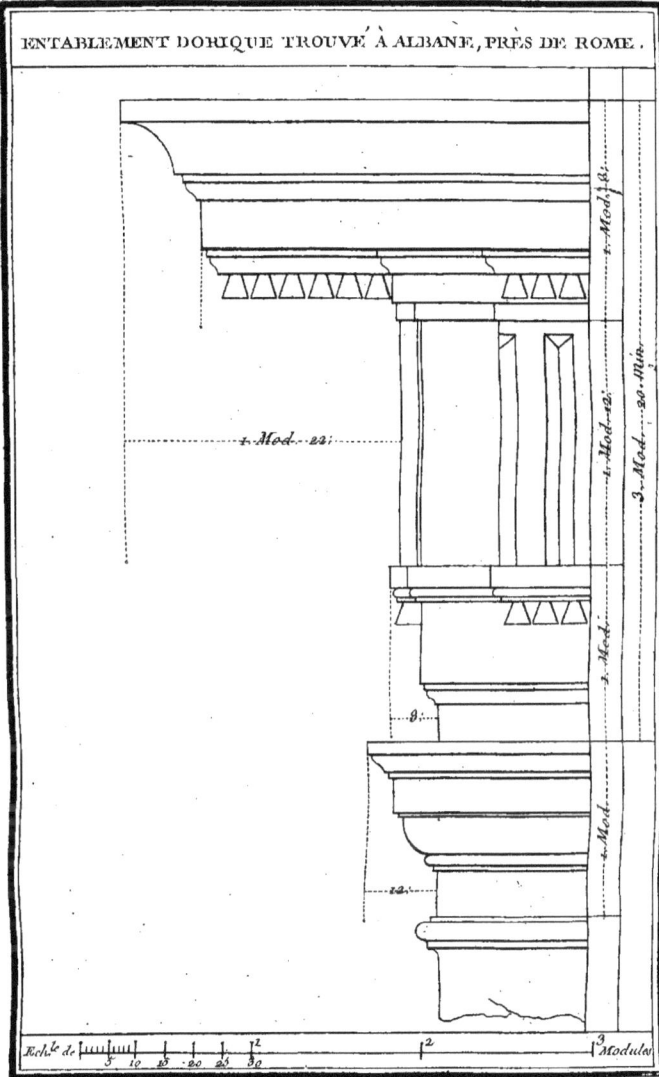

Echl.e de |⊔⊔|⊔⊔| | | |² |² |³ Modules
          5 10 15 20 25 30

Fournera del.   Milsan Sculp.

ENTABLEMENT IONIQUE DU TEMPLE DE LA FORTUNE VIRILE, A ROME.

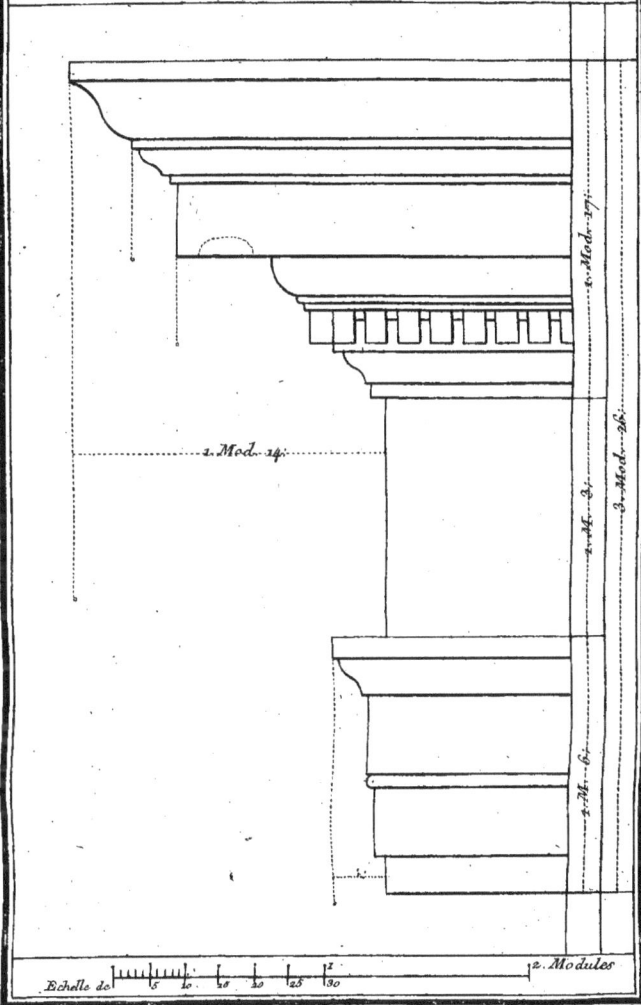

Echelle de

2. Modules

Fournera del   *Milsan Sculp.*

ENTABLEMENT IONIQUE DES THERMES DE DIOCLETIEN, A ROME.

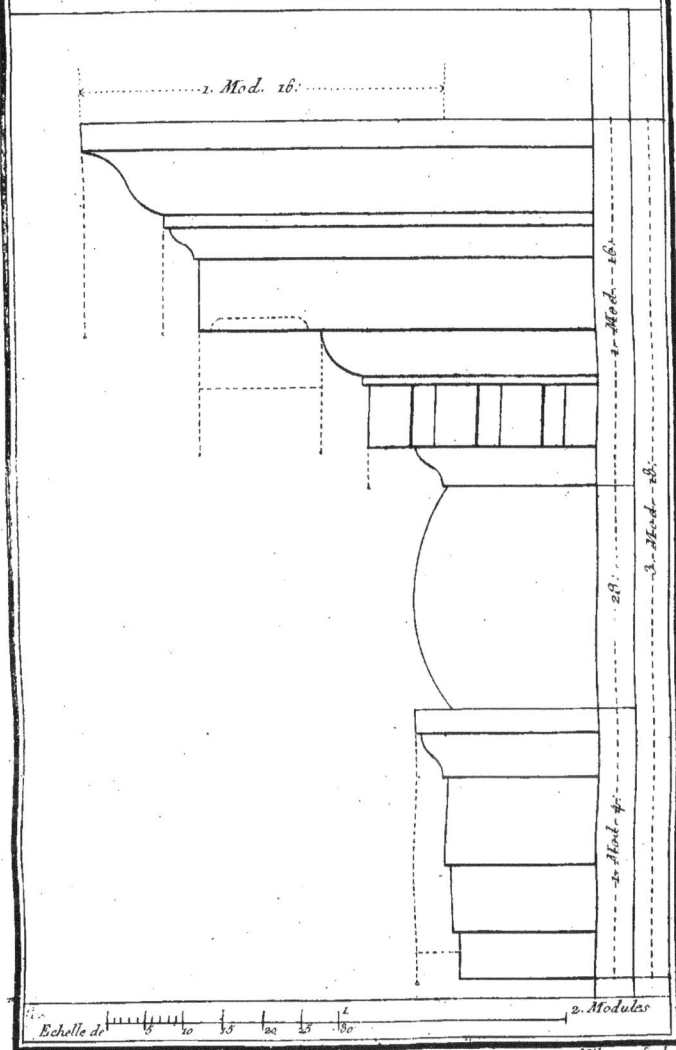

1. Mod. 16.

Echelle de · · · · ¦ · · · · 5 10 15 20 25 30   2. Modules

Fournier del.   Milsan Sculp.

ENTABLEMENT CORINTHIEN DU PORTIQUE DE LA ROTONDE
A ROME.

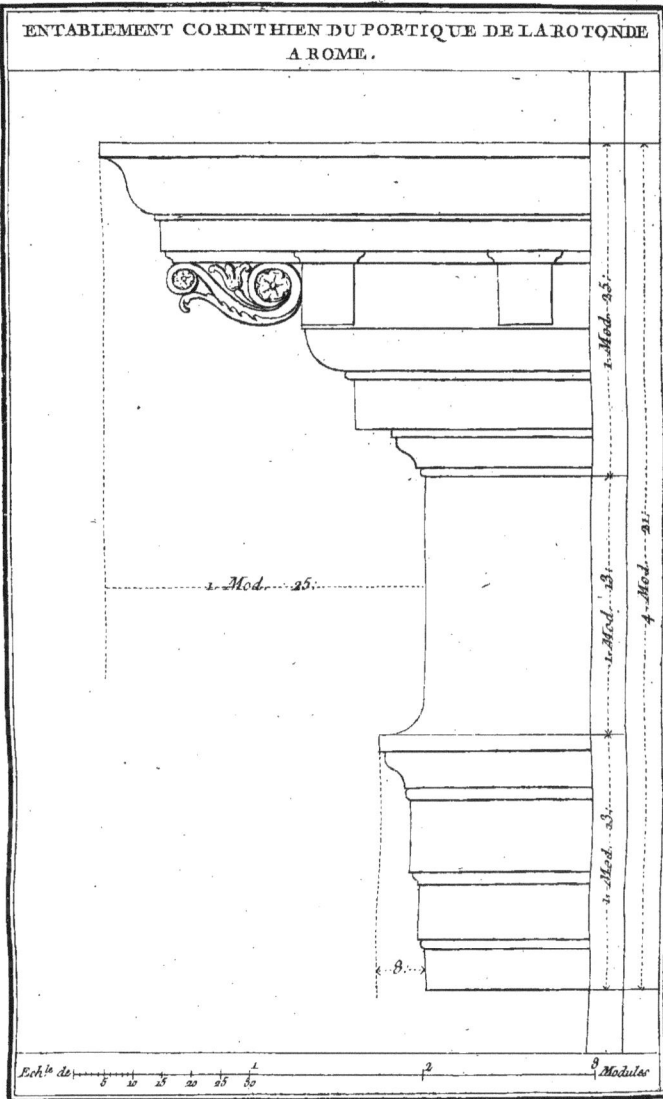

1. Mod. 25.

1. Mod. 25.

1. Mod. 13.

4. Med. 21.

1. Med. 33.

8.

Ech.^{le} de   5 10 15 20 25 30   1   2   8 Modules

Fournera del.   P.L. Cor Sculp.

ENTABLEMENT CORINTHIEN DU FRONTISPICE DE NERON,
A ROME.

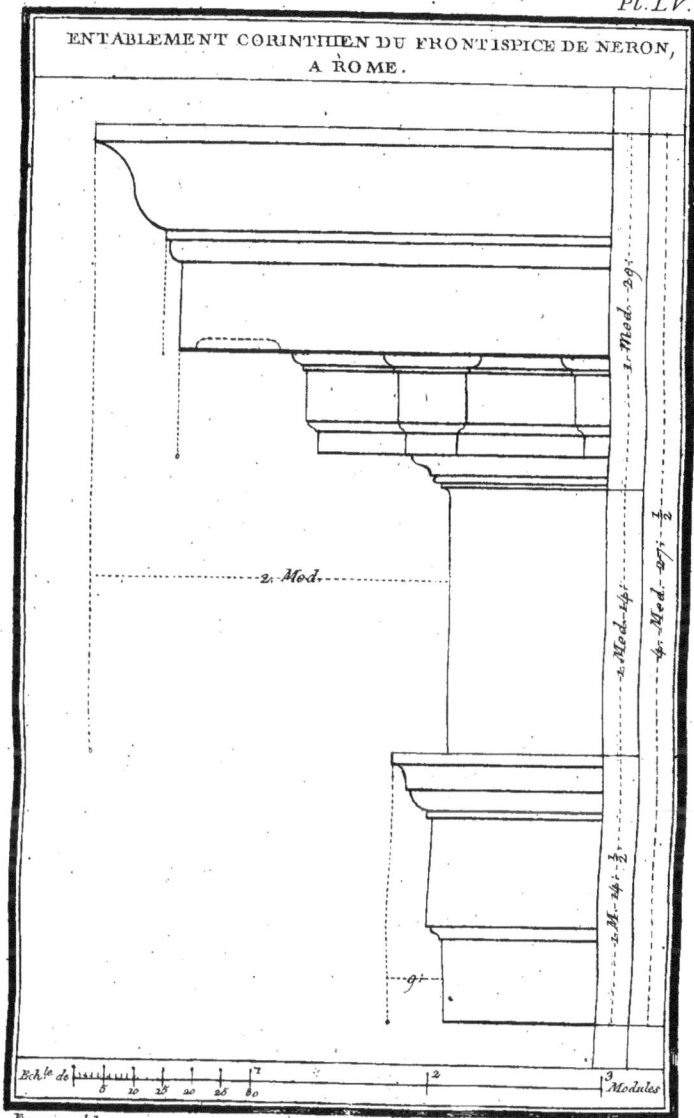

Fournera del.   Milsan Sculp.

ENTABLEMENT COMPOSITE, DE L'ARC DE TITUS A ROME.

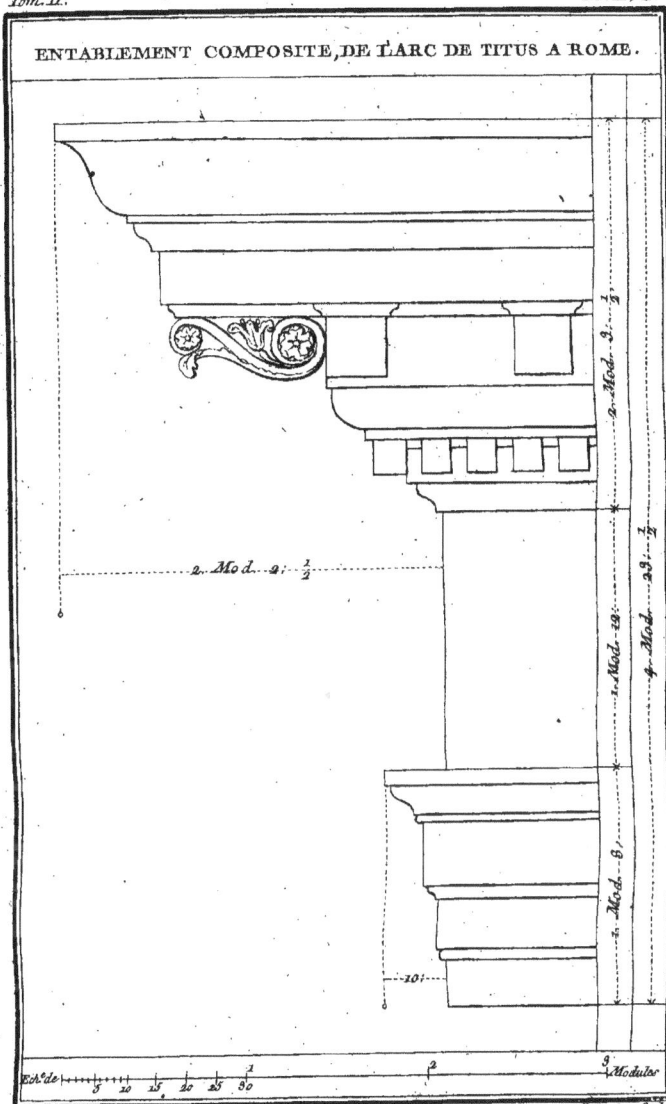

2. Mod. 9. $\frac{1}{2}$

2. Mod. 9. $\frac{1}{2}$

1. Mod. 19.

4. Mod. 29. $\frac{1}{2}$

2. Mod. 8.

10.

Ech.ᵉ de | 5 10 15 20 25 30 | 1 | 2 | 3 Modules

Fournera del.

P.L. Cor. Sculp.

Pl. LVII.

ENTABLEMENT COMPOSITE DE L'ARC DES LIONS, A VERONE.

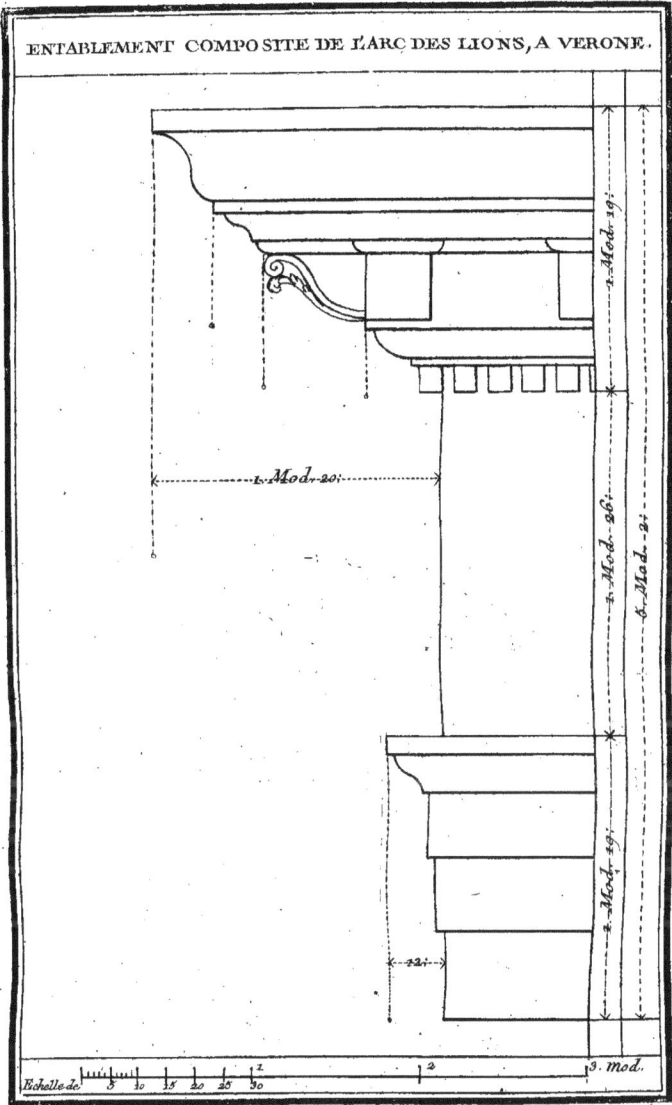

Echelle de

Tournera del.

Milsan Sculp.

Pl. LVIII.

ENTABLEMENT DORIQUE DE LEON BAP.^TI ALBERTI.

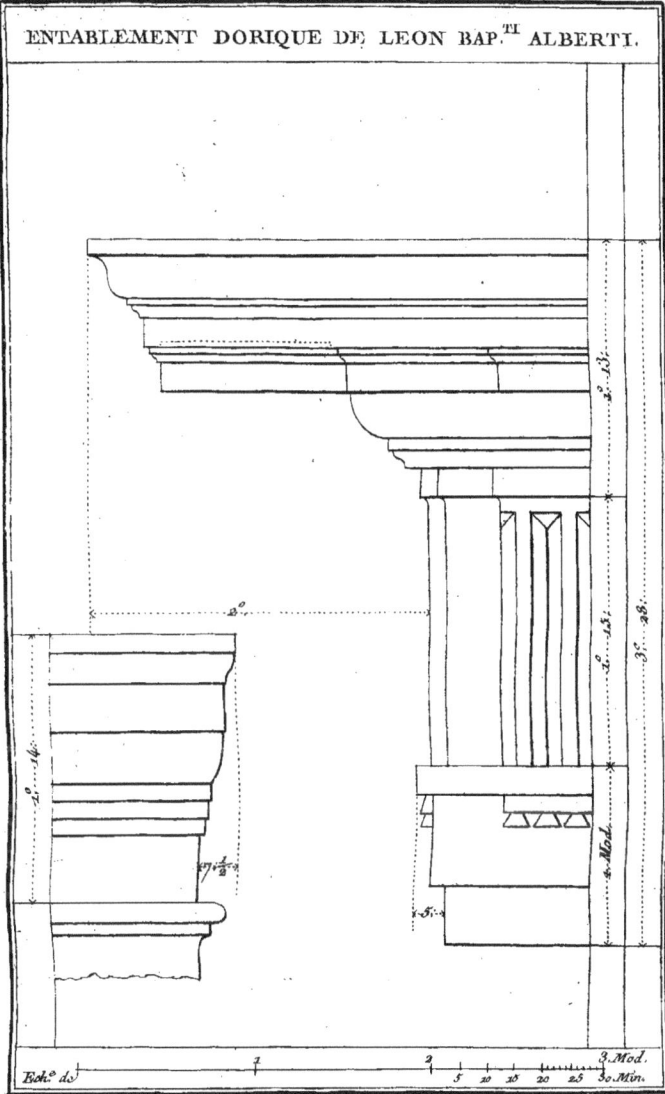

Ech.^e de

Fournera del.

P. L. Cor Sculp.

ENTABLEMENT DORIQUE DE PHILIBERT DE LORME.

40.

4.

Echelle de   1   5   10   15   20   25   2. Mod.
                                                  30 Min.

Fournera del.   P.L. Cor. Sculp.

Pl. LX.

ENTABLEMENT IONIQUE DE LEON BAPT.ᵗ ALBERTI.

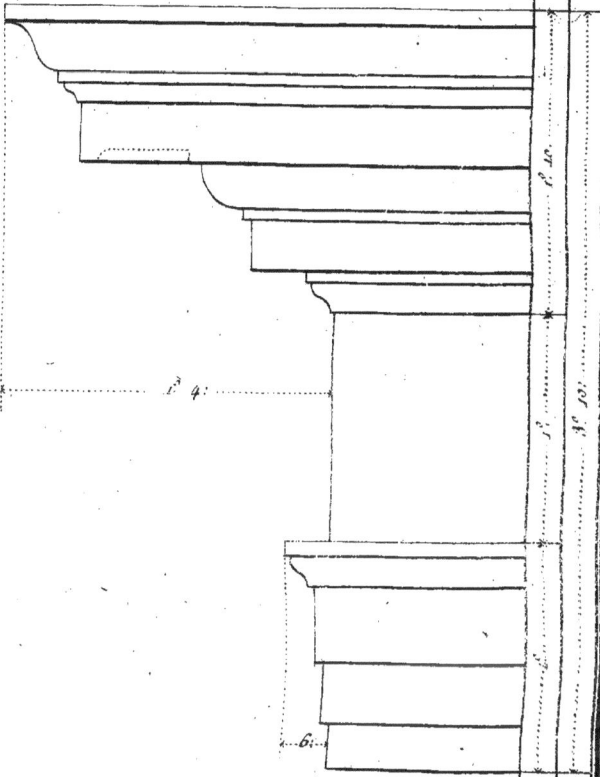

Echelle de

Tournes del.

P. J.

ENTABLEMENT IONIQUE DE JEAN BULANT.

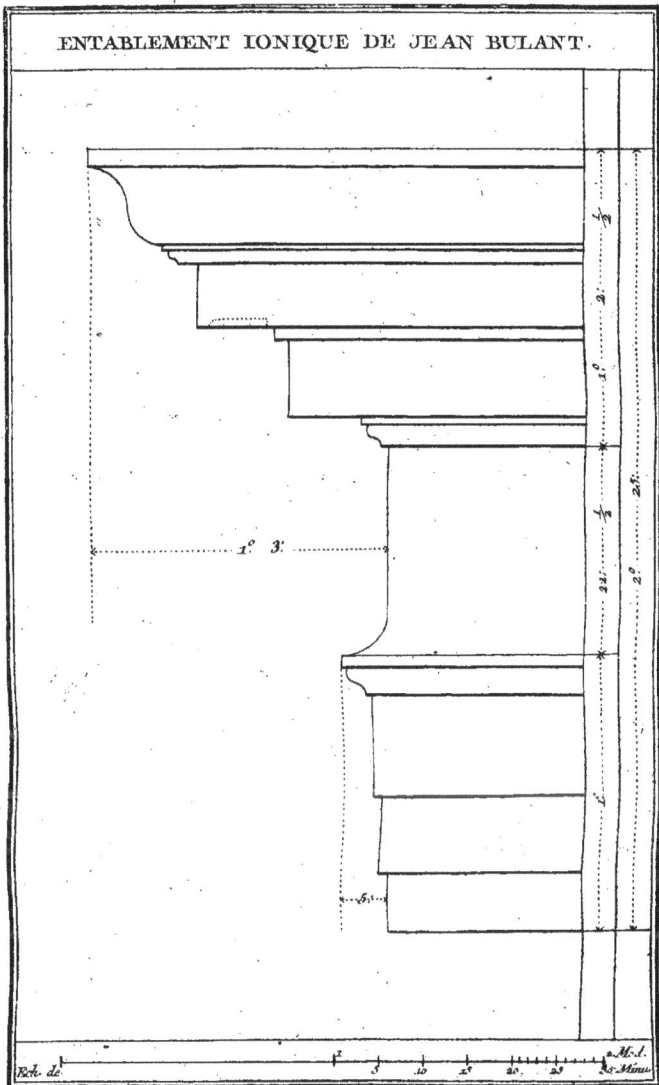

1° 3'

5'

Ramora del.   P L Cor Sculp.

ENTABLEMENT CORINTHIEN DE PHILIBERT DE LORME.

ENTABLEMENT COMPOSITE DE SERLIO.

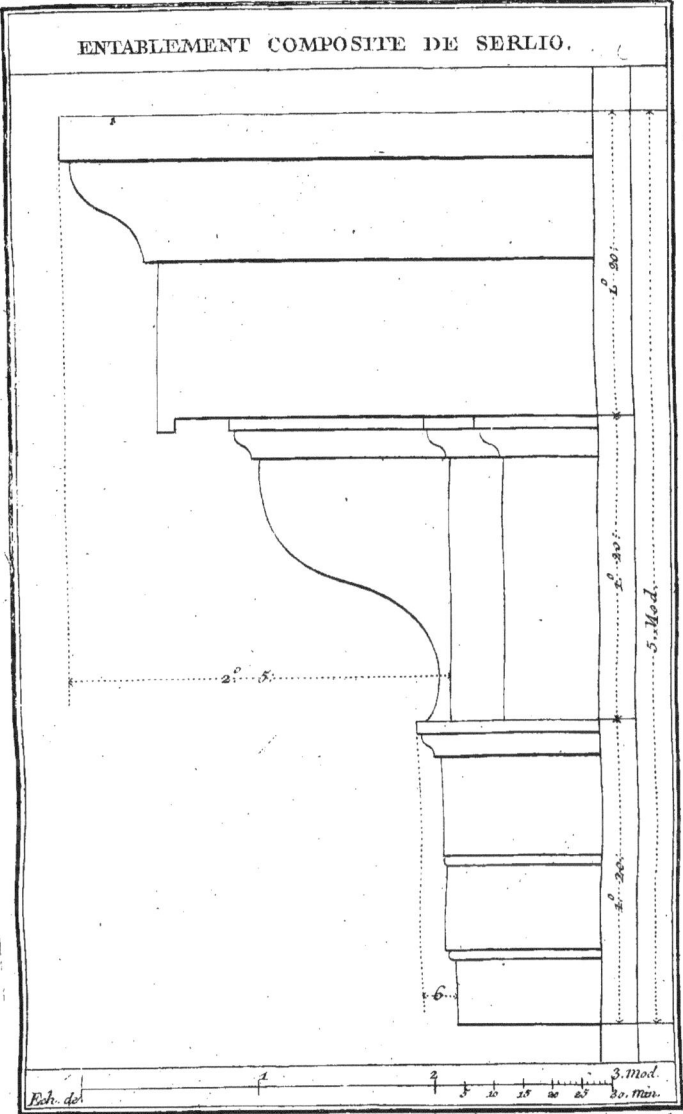

ENTABLEMENT COMPOSÉ, DU DESSIN DE VIGNOLE.

Echelle de

Cauchois del.   Michelinot Sculp.

ENTABLEMENT COMPOSE, DU DESSIN DE LE VEAU.

A

B

COURONNEMENT COMPOSÉ DU DESSIN DE F. MANSARD.

Echelle de |⊦⊦⊦⊦| ⊦ ⊦ ⊦ ⊦ ⊦ ⊦ 12. Pouces

Cauchois del.   Michelinot Sculp.

COURONNEMENT COMPOSE, DU DESSIN DE F. MANSARD.

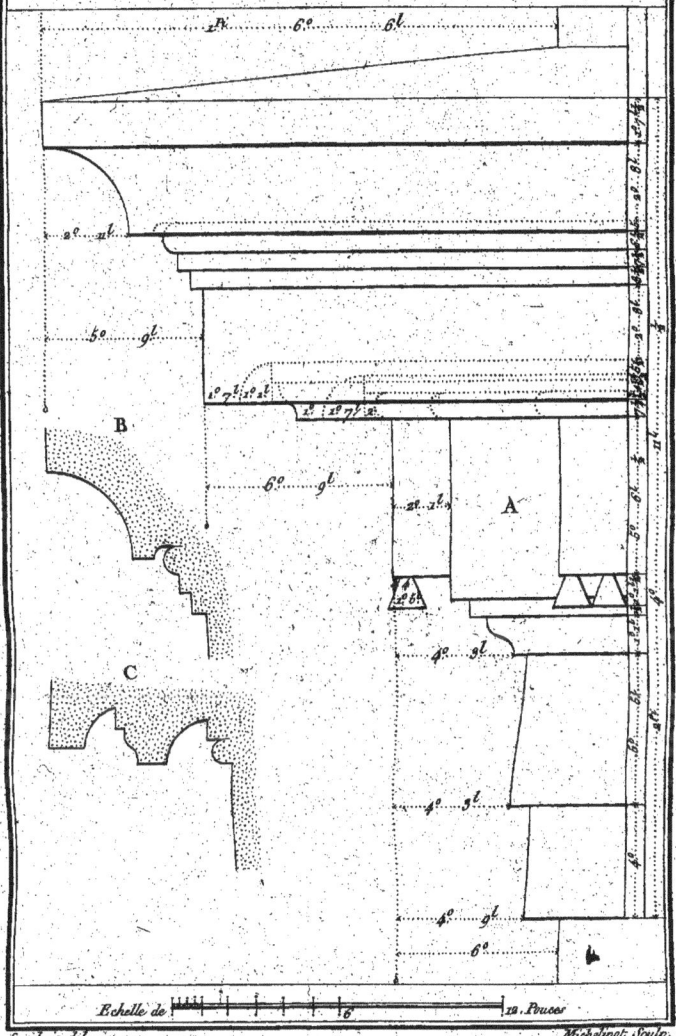

B

C

A

Cauchois del.   Michelinet Sculp.

PROFILS PROPRES AUX ORDONNANCES TOSCANES.

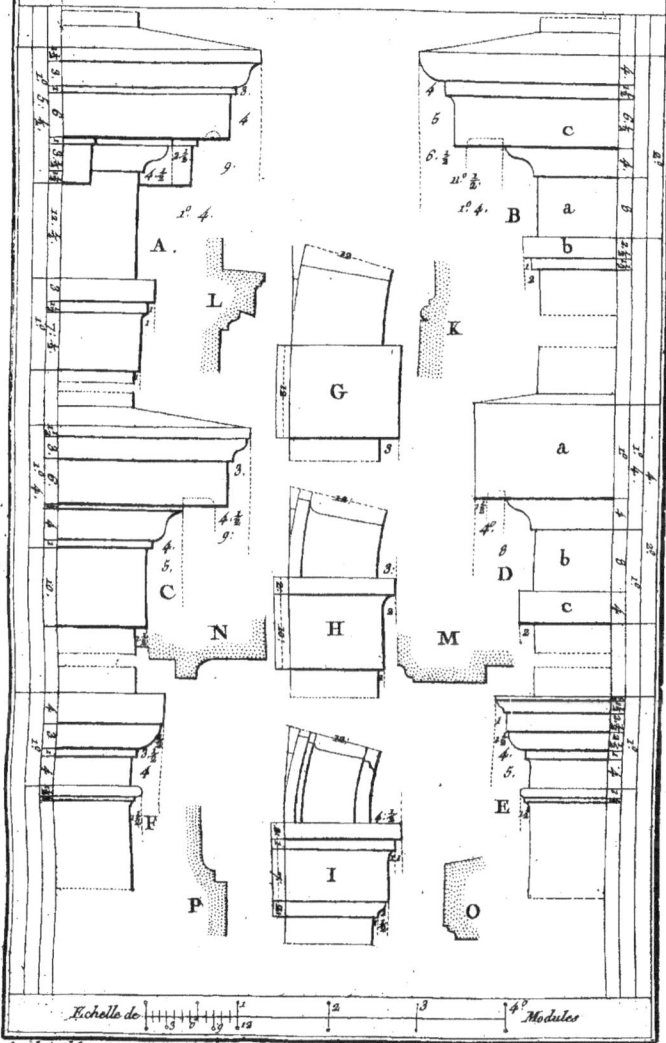

PROFILS PROPRES AUX ORDONNANCES DORIQUES.

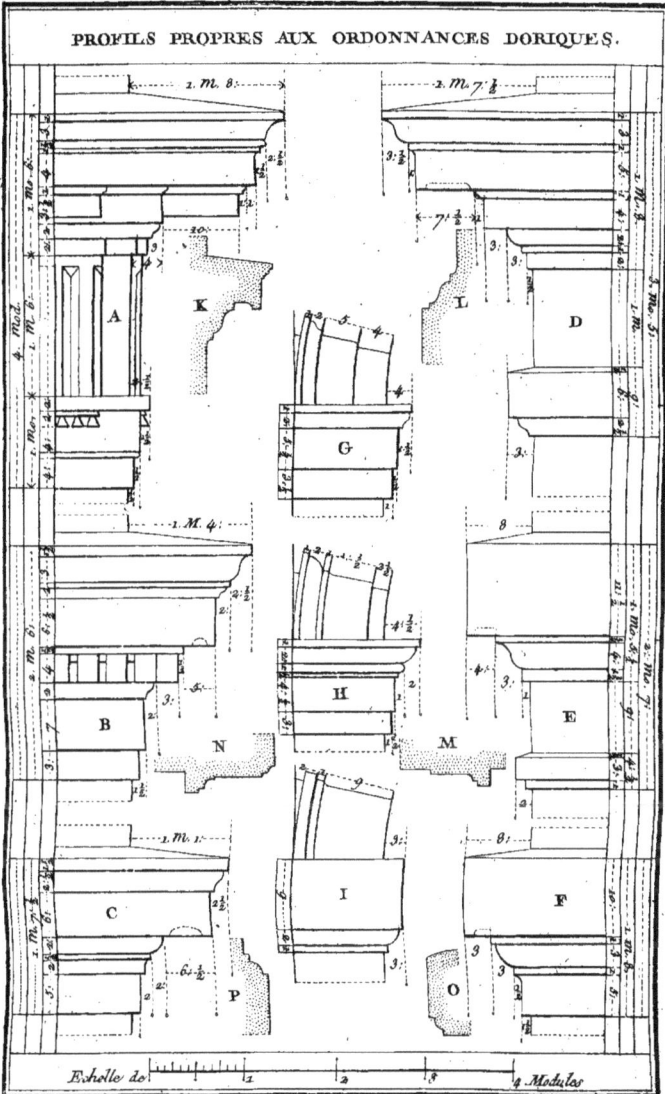

Echelle de |‗‗‗‗‗|‗‗‗‗‗| ½   ¾   4 Modules

Fournera del.   Milsan Sculp.

PROFILS PROPRES AUX ORDONNANCES IONIQUES.

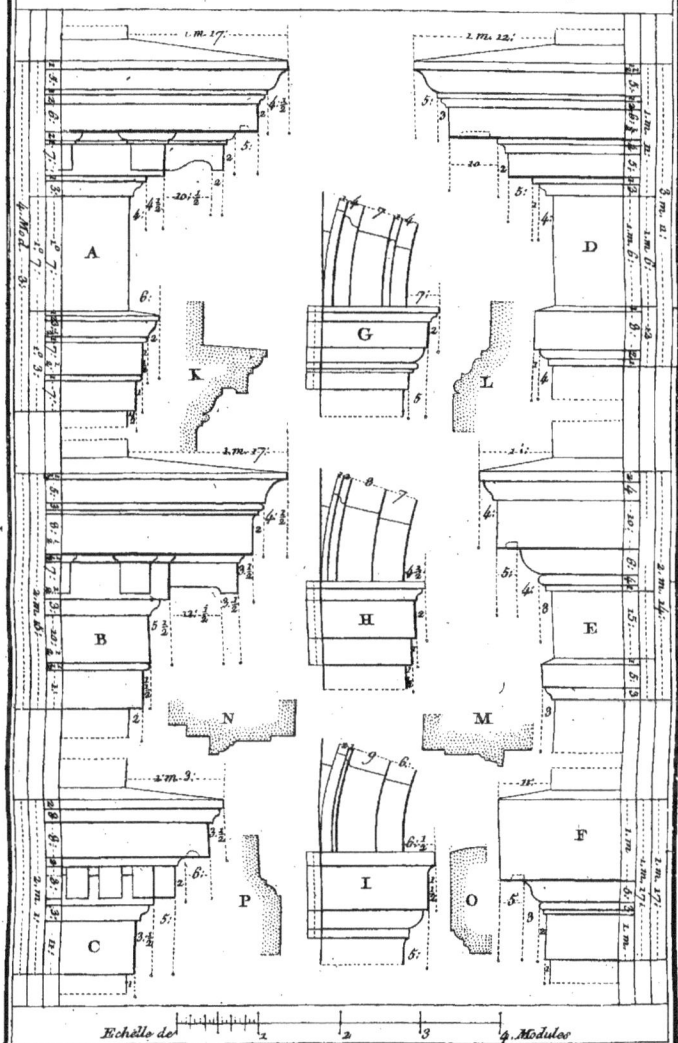

A

D

G

K

L

B

H

E

N

M

C

I

O

P

F

Fournera del.

Milsan Sculp.

PROFILS PROPRES AUX ORDONNANCES CORINTHIENES.

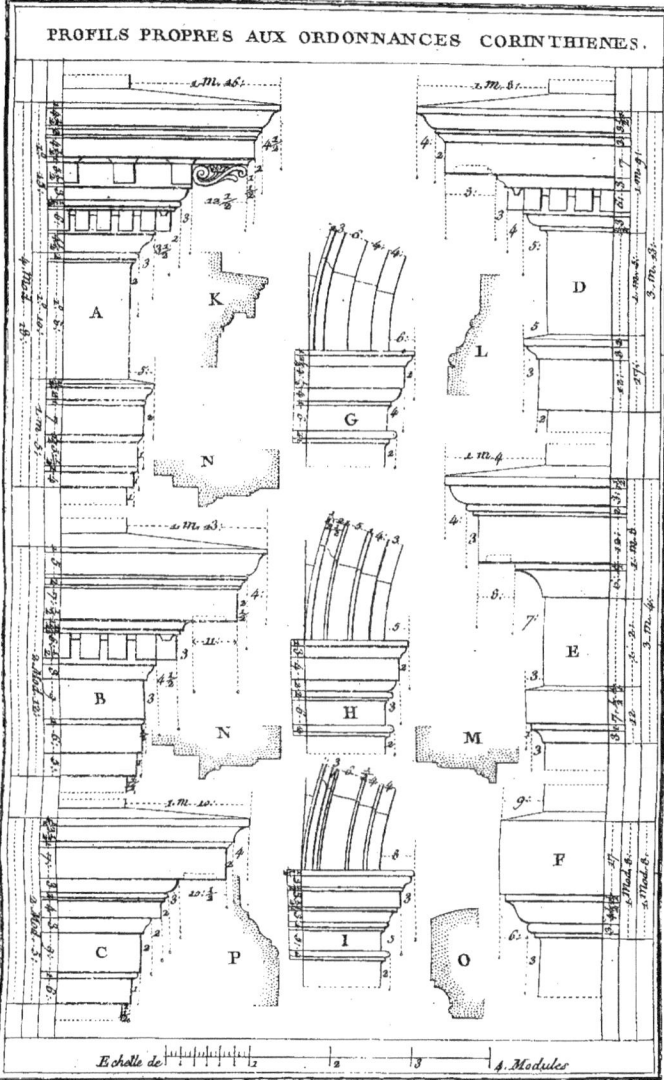

Echelle de   *4. Modules*

Founera del.   Milsan Sculp.

PROFILS PROPRES AUX ORDONNANCES COMPOSITES.

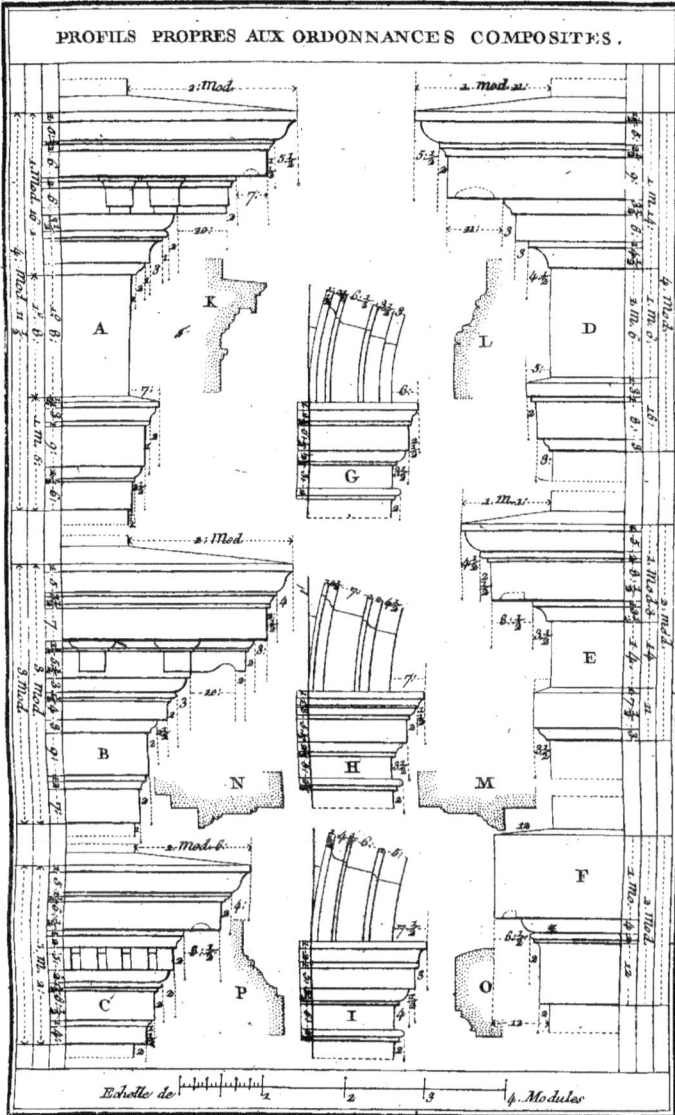

Echelle de ｜ ｜ ｜ ｜ ｜ ｜ ｜ ｜   ｜   ｜   ｜   4 . Modules

Tranova del.   Milsan Sculp.

PROFIL D'ENTABLEMENT COMPOSÉ DANS LE GENRE TOSCAN.

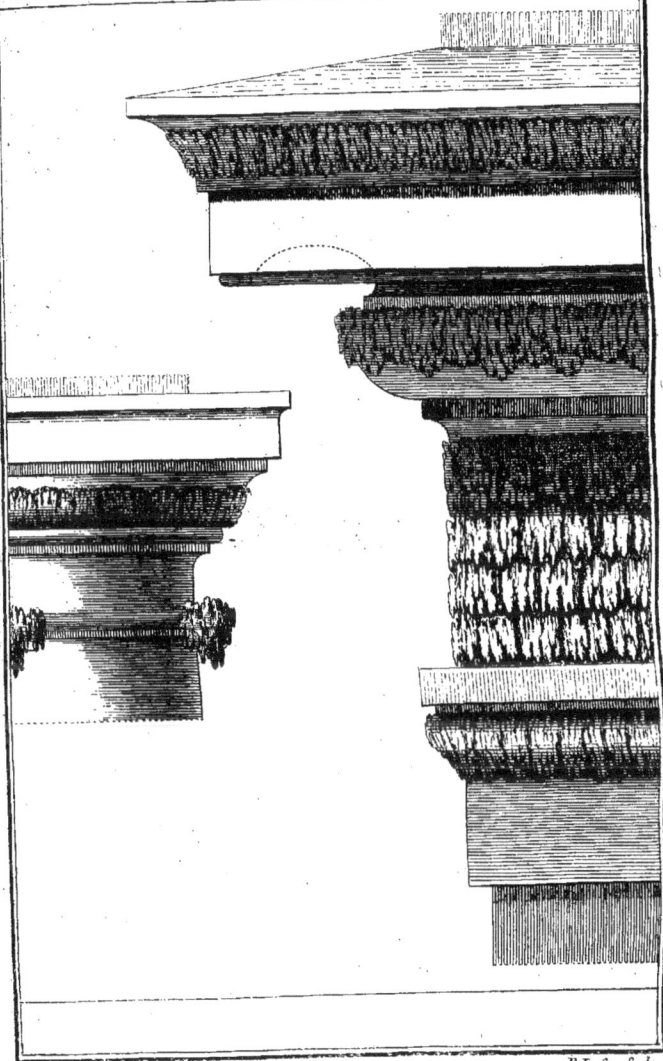

PROFIL D'ENTABLEMENT DANS LE GENRE DORIQUE.

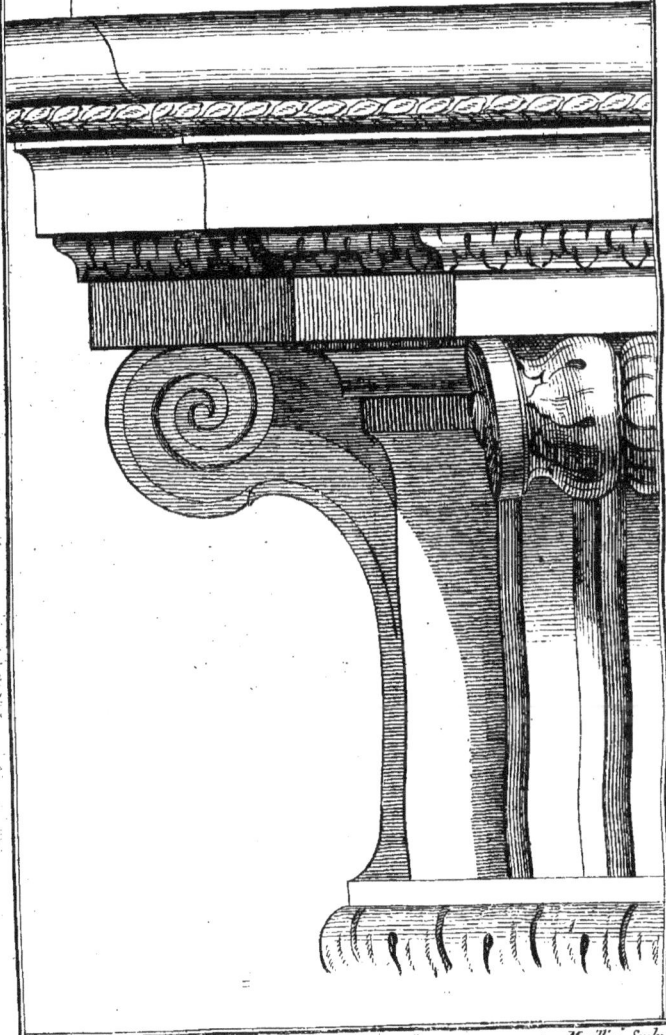

Renard del.   *Marillier Sculp*

Pl. LXXV.

PROFIL D'ENTABLEMENT DANS LE GENRE IONIQUE.

Renard del.

P.L. Cor Sculp.

Pl. LXXVI.

PROFIL D'ENTABLEMENT DANS LE GENRE CORINTHIEN.

Renard del.

Marillier Sculp.

PROFIL D'ENTABLEMENT DANS LE GENRE COMPOSITE.

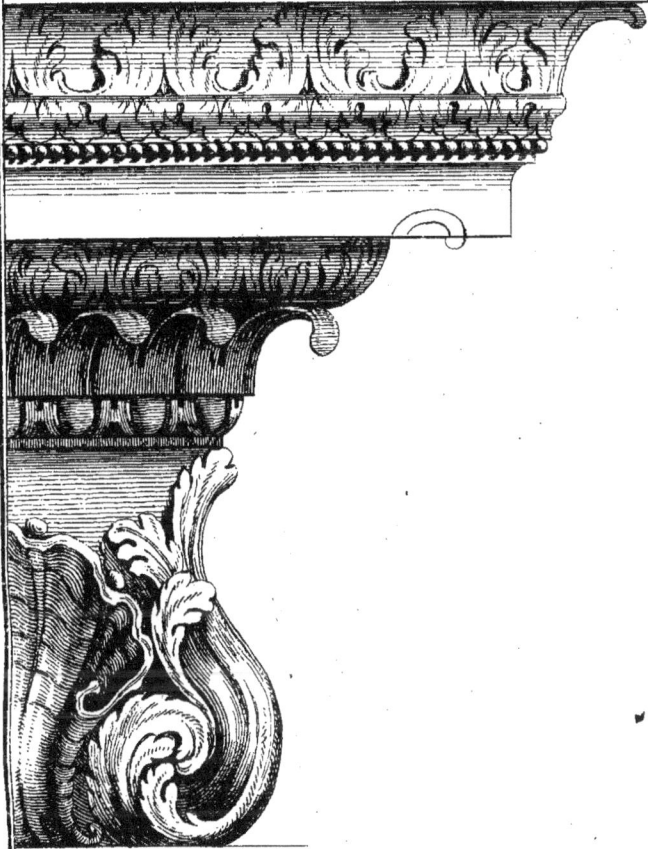

CHAPITEAUX DANS LE GENRE IONIQUE.

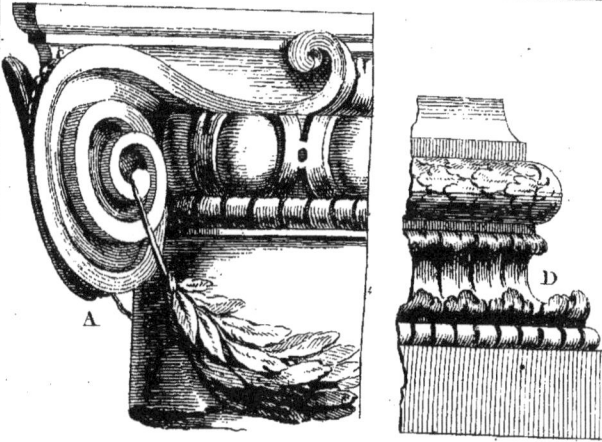

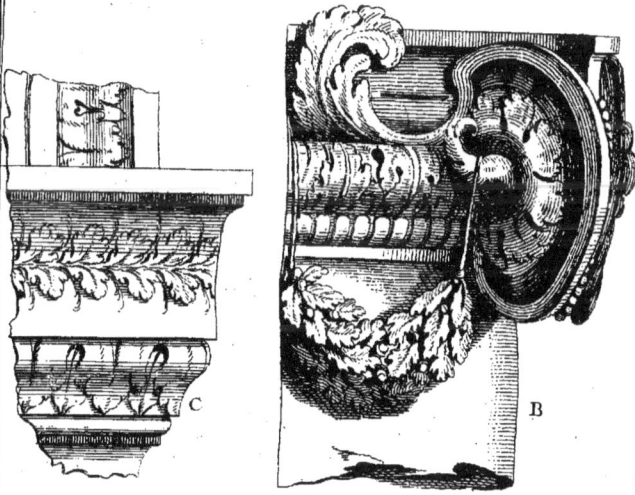

Renard del.   Marillier Sculp.

CHAPITEAUX DANS LE GENRE DU CHAPITEAU COMPOSITE
ROMAIN.

Renard del.   *Marillier Sculp.*

RAPORTS DES ORDRES ÉLEVÉS LES UNS SUR LES AUTRES.

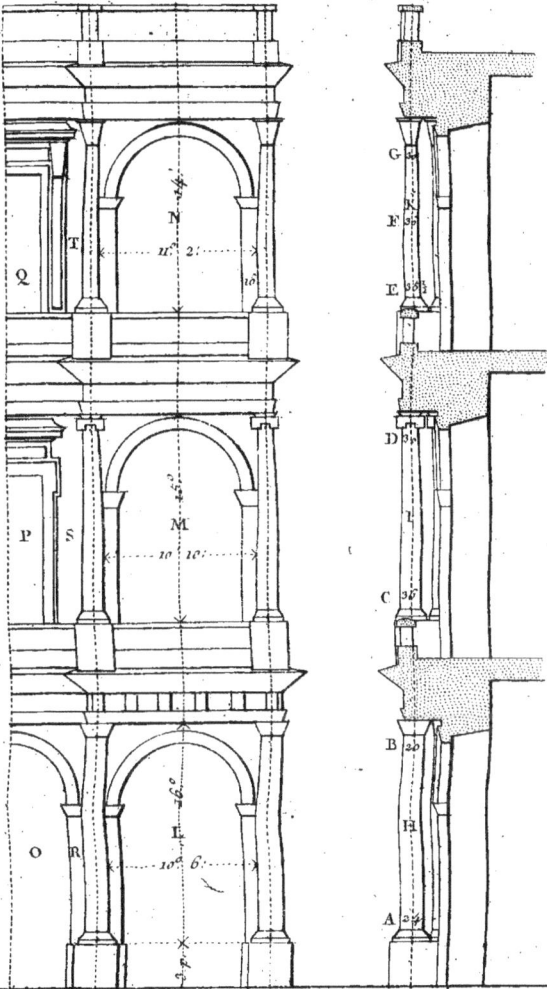

Fig. II.   Fig. I.

Fourniera del.   *Milsan Sculp.*

ORDRES D'ARCHITECTURE EMPLOYÉS SEULS DANS LES EDIFICES ANCIENS ET MODERNE.

ORDRE Corinthien du Portique d'Agrippa au Panthéon.

ORDRE Toscan de l'Orangerie de Versailles.

ORDRE Corinthien de l'Extérieure du Chateau de Montmorancy.

A

B

C

Nordin del.

P.L. car. Sculp.

SUITTE D'ORDRES D'ARCHITECTURE EMPLOYÉS SEULS DANS LES EDIFICES.

ORDRE Corinthien de la Nef de l'Oratoire.

ORDRE Corinthien de la
Cour de l'Hôtel de Tingry.

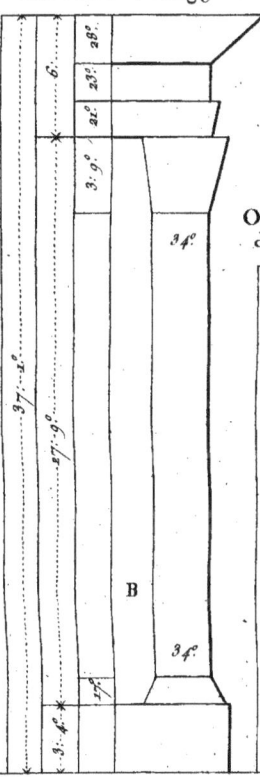

ORDRE Ionique du Portail
de l'Annonciade a St. Denis.

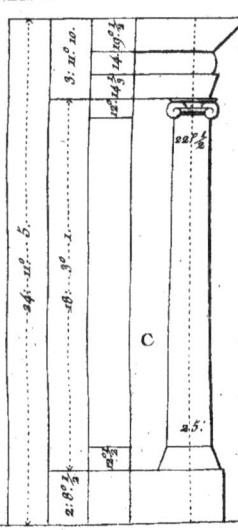

Petit
ORDRE Corinthien de
la Nef de l'Oratoire.

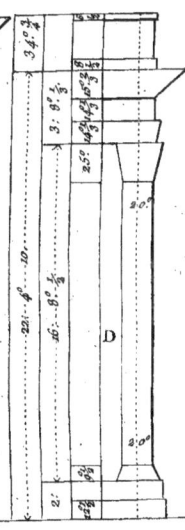

A

B

C

D

Bln. del.

P.J. Cor Sculp.

ORDRES D'ARCHITECTURE EMPLOYÉS SEULS ET COURONNÉS D'UN ATTIQUE.

ORDRE Corinthien du Portail de S.te Pierre
de Rome avec son Attique modeste.

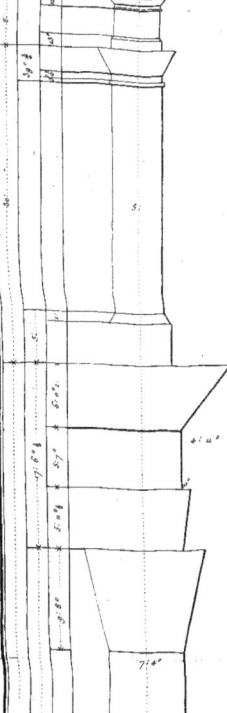

ORDRE Corinthien du Panthéon
avec son Attique.

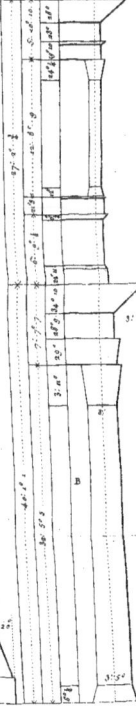

ORDRE Ionique du Portail des
Dames S.te Marie a Chaillot.

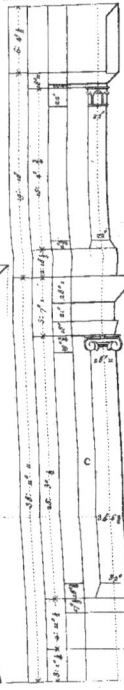

A

B

C

Blie del.   P. L. Ce. Sculp.

Pl. LXXXV.

SUITTE D'ORDRES D'ARCHITECTURE EMPLOYÉS SEULS ET COURONNÉS D'UN ATTIQUE.

ORDRE Ionique du Portail de St. Nicolas du Chardonnet avec son Attique.

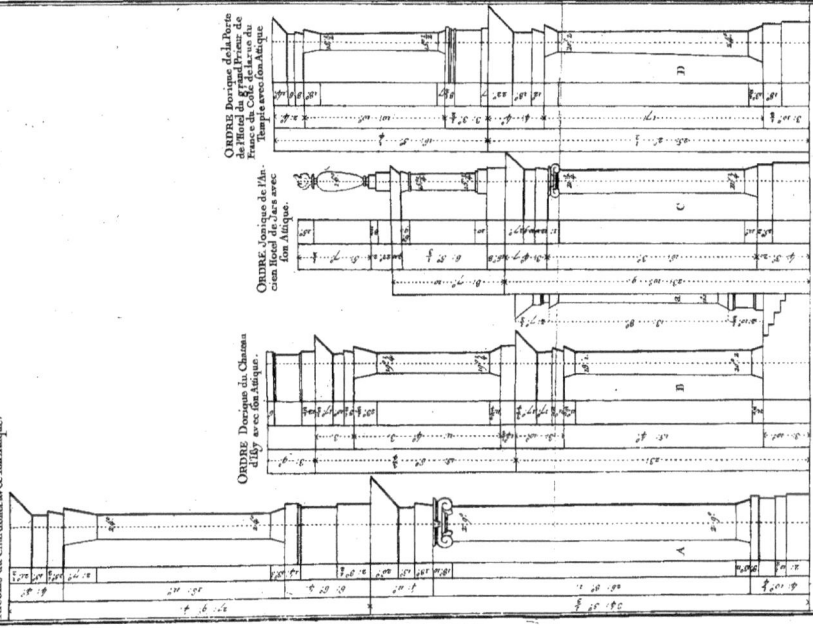

ORDRE Dorique du Chateau d'Isly avec son Attique.

ORDRE Ionique de l'Ancien Hotel de Jars avec son Attique.

ORDRE Dorique de la Porte de l'Hotel du grand Prieur de France du Côté de la rue du Temple avec son Attique.

A

B

C

D

P. Le Cas Sculp.

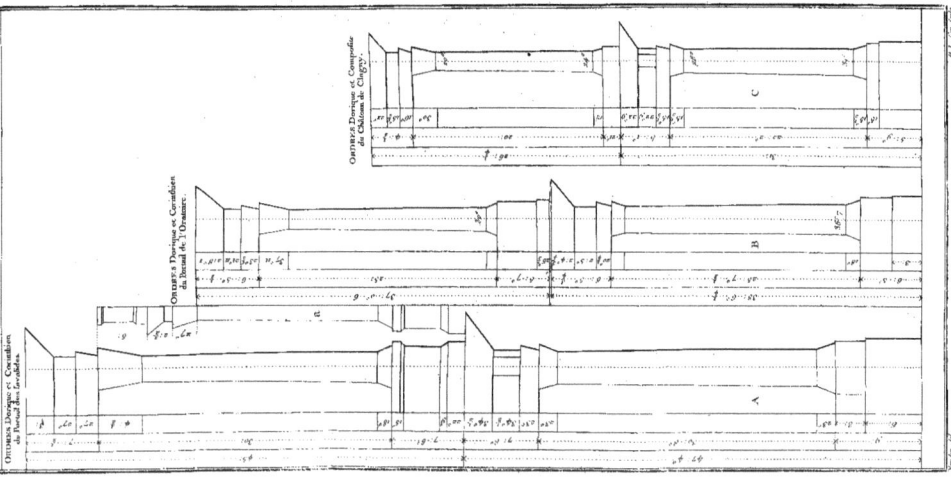

ORDRES Dorique et Corinthien du Portail des Cordeliers.

ORDRES Dorique et Corinthien du Portail de l'Oratoire.

ORDRES Dorique et Composite du Château de Chagny.

SUITE DES ORDRES D'ARCHITECTURE SURMONTÉS D'UN AUTRE ORDRE.

ORDRES Dorique et Corinthien du Portail de St. Roch.

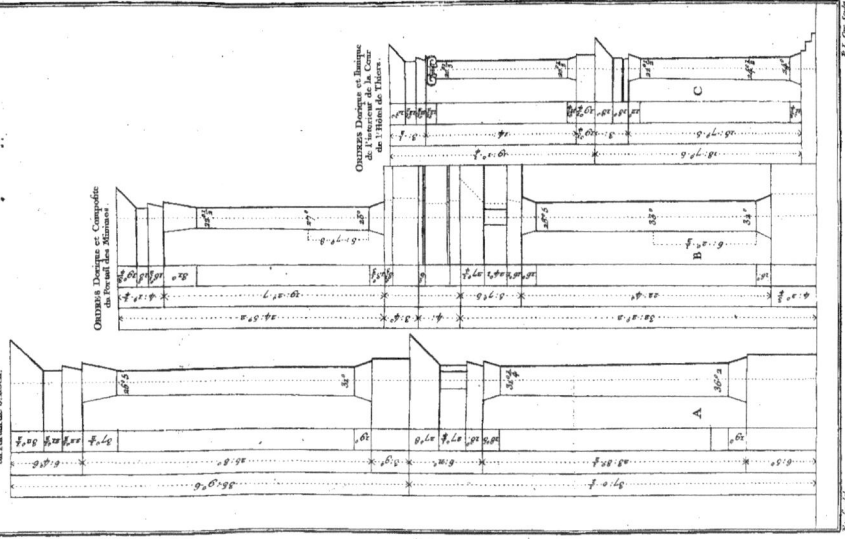

ORDRES Dorique et Composite du Portail des Minimes.

ORDRES Dorique et Ionique de la Corniche de l'intérieur de la Cour de l'Hôtel de Thiers.

A

B

C

Neufforge del.

P. L. Car. Sculp.

SUITE DES ORDRES D'ARCHITECTURE SURMONTÉE D'UN AUTRE ORDRE.

ORDRES Corinthien et Composite du Portail de la Mercy.

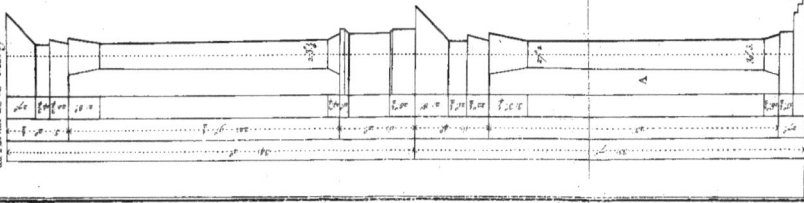

ORDRES Ionique et Corinthien du Portail des Petits Peres.

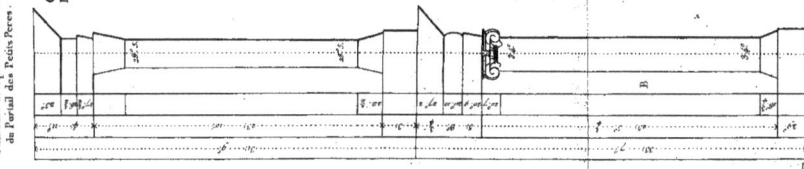

ORDRES Ionique et Corinthien du Portail des Feuillans du Coin de la Cour.

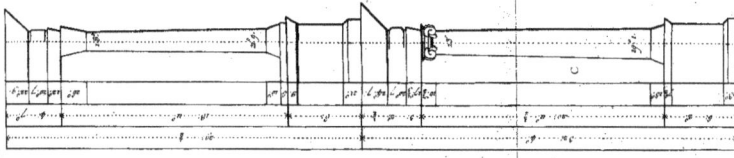

P.L. car. Sculp.

Pl. LXXIX.

SUITE DES ORDRES D'ARCHITECTURE SURMONTÉS D'UN AUTRE ORDRE ET D'UN ATTIQUE.

ORDRES Dorique et Ionique de l'Hôtel de Rohan avec son Attique du Côté du Jardin.

ORDRE Dorique et Composite de l'ancien Château de Meudon du Côté de la Cour.

ORDRE Corinthien et Composite de l'ancien Château de Meudon du Côté du Jardin.

ORDRE Dorique et Ionique de l'Hôtel de Noaille avec son Attique du Côté de la Cour.

A

B

C

D

J. Le Cœur Sculp.

Gondoüin del.

ORDRES D'ARCHITECTURE SURMONTÉS DE DEUX AUTRES ORDRES

ORDRES Dorique Ionique et Corinthien
du Portail de S.ᵗ Sulpice.

ORDRES Dorique Ionique
Corinthien et Composite du
Colisée à Rome.

ORDRES Dorique Ionique et Corinthien du Portail S.ᵗ Gervais.

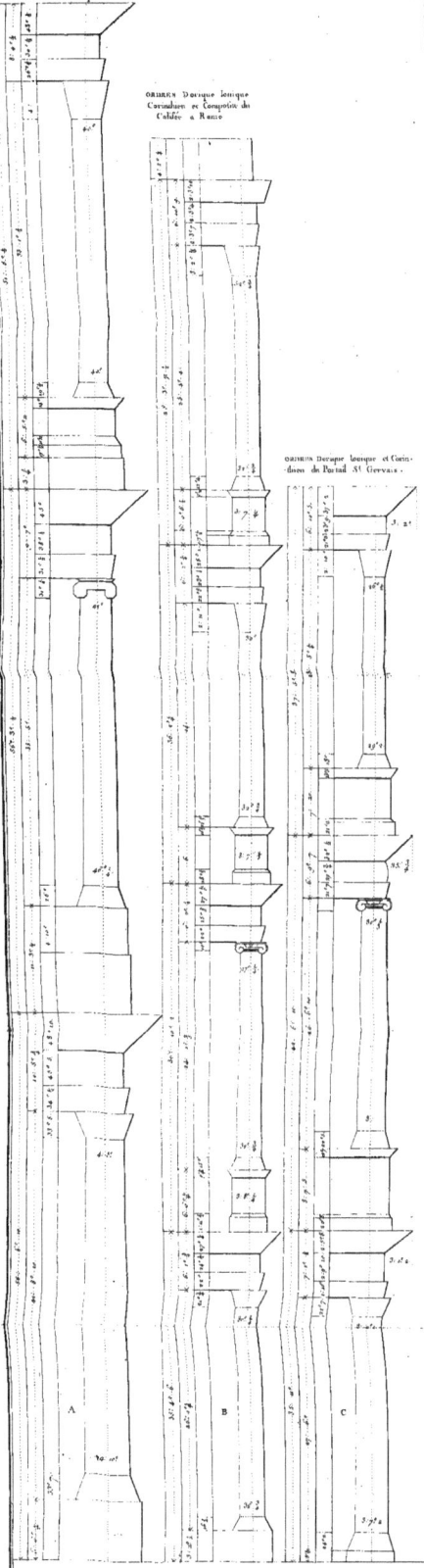

A

B

C

Alix del.   P. L. Or. Sculp.

Pl. XLI.

SUITTE D'UN ORDRE D'ARCHITECTURE SURMONTÉ DE DEUX AUTRES ORDRES.

ORDRES Toscan de l'Amphithéâtre de Vérone.

ORDRES Dorique sans ni et modillons du Palais Branelle à Rome.

ORDRES Dorique Ionique et Corinthien du Palais Barberini à Rome.

Pl. XXII.

SUITTÉ D'UN ORDRE D'ARCHITECTURE SURMONTÉ DE DEUX AUTRES ORDRES.

ORDRES Corinthien Composite et
Corinthien de l'entresore de la Cour du Louvre.

ORDRES Ionique Corinthien
et Composite du Chateau des
Thuilleries avec leur Antiques.

ORDRES Toscan, Dorique
et Ionique du Palais du 1.er
consulrans g.

ORDRES Dorique,
Ionique et Corinthien du
Chateau de Madame

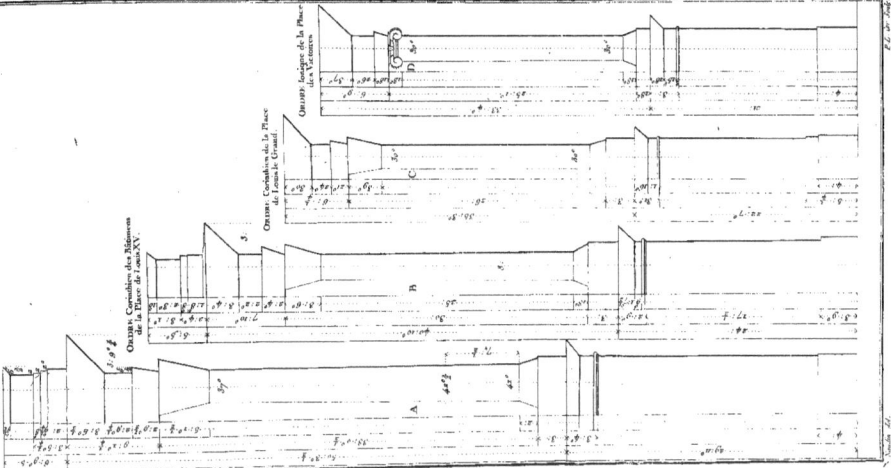

ORDRES D'ARCHITECTURE COLOSSAUX ÉLEVÉS SUR UN SOUBASSEMENT

www.ingramcontent.com/pod-product-compliance
Lightning Source LLC
Chambersburg PA
CBHW070409090426
42733CB00009B/1603